WILFRIED KROKOWSKI

Digitalisierung im Einkauf

Praxisreihe Einkauf/Materialwirtschaft

Herausgegeben von

Wilfried Krokowski
Prof. Dr. Klaus Dieter Lorenzen

Band 22

Wilfried Krokowski

Digitalisierung im Einkauf

Best-Practice-Lösungen
und Ansätze für den Mittelstand

Edition Wissenschaft & Praxis

Bibliografische Information der Deutschen Nationalbibliothek

Die Deutsche Nationalbibliothek verzeichnet diese Publikation in
der Deutschen Nationalbibliografie; detaillierte bibliografische Daten
sind im Internet über http://dnb.d-nb.de abrufbar.

Alle Rechte vorbehalten
© 2022 Edition Wissenschaft & Praxis
bei Duncker & Humblot GmbH, Berlin
Satz: TextFormA(r)t, Daniela Weiland, Göttingen
Druck: CPI Books GmbH, Leck
Printed in Germany

ISSN 2702-2234
ISBN 978-3-89673-784-7 (Print)
ISBN 978-3-89644-279-5 (E-Book)

Gedruckt auf alterungsbeständigem (säurefreiem) Papier
entsprechend ISO 9706 ∞

Internet: http://www.duncker-humblot.de

Vorwort der Herausgeber

Lesen Sie in diesem Moment dieses Buch in analoger oder in digitaler Form? Die Wahrscheinlichkeit, dass es eine digitale Variante ist, ist sehr hoch. So ähnlich stellt sich die Situation mittlerweile auch bei der Betrachtung von Einkaufsprozessen in der Praxis dar. Während sich die Digitalisierung vor fünfzig Jahren auf einige operative Kernprozesse, z. B. auf die Materialbedarfsplanung und im Zuge der ersten Just-in-Time-Konzepte auch schon auf den Austausch von Bestelldaten mit Lieferanten, fokussierte, erleben wir seit der Jahrtausendwende, dass immer mehr zunächst vorzugsweise operative Einkaufsprozesse digitalisiert bzw. digital unterstützt werden. Die Entwicklung der letzten Jahre ist dadurch gekennzeichnet, dass auch für immer mehr strategische (Teil-)Aufgaben des Einkaufs spezialisierte digitale Lösungen angeboten und eingesetzt werden. Möglich wird dies durch neue, effiziente Technologien, die auch kleinen und mittelständischen Unternehmen zumindest als Insellösungen den Zugang zu Prozess-Innovationen eröffnen. Perspektivisch wird die weitere Entwicklung zu integrierten Systemen und zunehmend automatisierten Informationsprozessen führen. Dazu werden die Einsatzgebiete für die Entscheidungsfindung durch elektronische Systeme, durch Menschen oder durch eine Kombination von beidem neu festzulegen sein.

Die Vielfalt an Digitalisierungsoptionen im Einkauf stellt insbesondere kleine und mittelständische Unternehmen vor große Herausforderungen. Auch wenn – als wichtige Voraussetzung – eine unternehmensweite Digitalisierungsstrategie existieren sollte, sind die Ressourcen begrenzt und i. d. R. müssen viele kleine Schritte gegangen werden, um die gewünschten Änderungsprozesse zu realisieren. Der hier vorliegende 22. Band der Praxisreihe Einkauf/Materialwirtschaft (PEM) ist insbesondere für diese Unternehmen als Orientierungshilfe gedacht. Mit Hilfe von Best-Practice-Lösungen aus dem Mittelstand wird pragmatisch und praxisorientiert aufgezeigt, welche Wege von Unternehmen erfolgreich beschritten wurden. Dabei kann das Werk keinen Anspruch auf Vollständigkeit erheben, sondern nur Akzente in einigen Themenbereichen setzen. Die Auswahl ist gelungen und zeigt anschaulich auf, wie vielfältig die Möglichkeiten sind und – zumindest manchmal – wie einfach die Umsetzung erfolgreicher Ideen ist.

Aufmerksam lesenden Menschen, die diese Reihe schon länger kennen, ist vermutlich aufgefallen, dass neue Namen zu finden sind. Horst Hartmann, der diese Reihe ins Leben gerufen hat und der mit seinen vielen Veröffentlichungen maßgeblich zum aktuellen Bild vom modernen Einkauf beigetragen hat, steht dieser Welt leider nicht mehr mit seiner Kompetenz zur Verfügung. Sein Bild eines erfolgreichen Einkaufs, der sich am besten mit den Adjektiven „ganzheitlich", „strategisch" und „marktgestaltend" beschreiben lässt, leitet auch uns bei der Auswahl der Inhalte.

Die Autorinnen und Autoren dieses Fachbuches sind Ihnen sicherlich dankbar, wenn sie von Ihnen als interessierte Leserinnen und Leser ein sachlich-fachliches Feedback erhalten, um eine permanente Weiterentwicklung zu ermöglichen.

Im Sommer 2022 *Wilfried Krokowski* und *Klaus Dieter Lorenzen*

(Herausgeber der Praxisreihe)

In Zusammenarbeit mit

Beschaffung aktuell

Inhaltsverzeichnis

Einführung: Digitalisierung im Einkauf – Digitalisierung und der Mittelstand 13

Prozesse 19

1. Automatisierte Lieferantenkommunikation durch EDI und OCR – Digitalisierung im Einkauf von SEW-EURODRIVE 19
   - 1.1 Überblick 19
   - 1.2 Beschaffungsprozesse im Wandel 21
     - 1.2.1 Procurement 360° 22
     - 1.2.2 Digitale Prototypen im Einkauf 24
   - 1.3 EDI und OCR zur automatisierten Lieferantenkommunikation 24
     - 1.3.1 Die Herausforderung des Wachstums 25
     - 1.3.2 Problemstellung und Lösungsansätze 26
     - 1.3.3 EDI – Technologie und Voraussetzungen 27
     - 1.3.4 OCR als Ergänzung zu EDI – Technologie und Voraussetzungen 33
     - 1.3.5 Vor- und Nachteile beider Lösungen 37
     - 1.3.6 Strategischer Ansatz bei SEW-EURODRIVE 39
   - 1.4 Change-Management im Kontext neuer Lösungen 40

eProcurement und C-Teilemanagement 43

2. ePortal-Lösungen für den Mittelstand und nicht nur für C-Teile am Beispiel simple system und Memminger IRO 46
   - 2.1 Überblick 46
   - 2.2 Warum Plattformökonomie und Direktbeziehungen kein Widerspruch sind .. 47
   - 2.3 Rahmen setzen und Mitarbeiter befähigen 52
   - 2.4 User Experience: Von der Bestellanforderung (BANF) zur One-Click-Order . 54
   - 2.5 Digitalisierung im Mittelstand am Beispiel Memminger-IRO 59

3. Ganzheitliche Lieferantenintegration mittels CPS®miLOGISTICS 63
   - 3.1 Überblick 63
   - 3.2 Ein System für alle Lieferanten 63
     - 3.2.1 Komplette Verwaltung und Bevorratung per CPS®miSTOCK 65
     - 3.2.2 CPS®miDROPSHIP: Lieferantenintegration über Streckenabwicklung im Kanban-System 65

3.2.3 CPS®miSELF: Eigenständige Verwaltung von Produkten und Lieferanten im Kanban-System 66

3.3 Praxisbeispiel: CPS®miSELF bei LMC Caravan GmbH & Co. KG im Einsatz   67

Logistik 70

4. Digitale Versorgungssysteme für optimierte Beschaffungsvorgänge 71

    4.1 Automaten als Versorgungssysteme 71

        4.1.1 Überblick 71

        4.1.2 Vor- und Nachteile der Systeme 72

        4.1.3 Beschaffungsprozess 75

        4.1.4 Praxisbeispiel: Automaten- und Werkzeugdienstleistung bei der Helmut Diebold GmbH & Co. 76

        4.1.5 Praxisbeispiel: Automatenverwaltung von Prüfwerkzeugen bei der Elabo GmbH 78

    4.2 RFID-Kanban-Systeme 80

        4.2.1 Überblick 80

        4.2.2 Vor- und Nachteile 85

        4.2.3 Beschaffungsprozess 88

        4.2.4 Praxisbeispiel: RFID-Full-Service-Kanban bei der Sennebogen Maschinenfabrik GmbH 89

Weitere innovative Konzepte 94

5. Additive Fertigung (3D-Druck) als Alternative für den Anlagenbau und die Ersatzteilbeschaffung 96

    5.1 Überblick 96

    5.2 Der 3D-Druck – Eine innovative, digitale Lösung 96

    5.3 Ein Überblick aktueller 3D-Drucktechnologien 97

    5.4 Grenzen des 3D-Drucks 102

    5.5 Ablauf eines Ersatzteil-Projekts mit 3D-Druck 103

    5.6 Praxisbeispiele 104

    5.7 Fazit 107

6. Remote Assistance-Lösungen für Lieferantenaudits und Qualitätsinspektionen – Auditprozesse im internationalen Geschäft nachhaltig neu gestalten 109

    6.1 Überblick 109

    6.2 Virtuelle Lieferantenaudits und Qualitätsgespräche 110

    6.3 Klassischer Prozess im internationalen Geschäft 111

    6.4 Voraussetzungen zur Einführung von AR-Leistungen im Lieferantenumfeld .. 111

    6.5 Online-Audits mit MS Teams und RealWear HMT-1 Datenbrille 112

	6.6	Praxisbeispiel virtueller Lieferantenbesuch in Indien	115
	6.7	Fazit	116
7.		Der Einsatz von Videokonferenzen und Online-Weiterbildungsprogrammen im Einkauf	119
8.		Ausblick und Risiken der KI im Einkauf	127
	8.1	Grundlagen zum Thema KI – Sprachmodelle der Künstlichen Intelligenz im Spannungsfeld von Utopie und Dystopie	127
	8.2	Künstliche Intelligenz und Paper Mill auf dem Vormarsch – Die stille Bedrohung	133
9.		Zusammenfassung	138
10.		Checklisten	140
	10.1	Checkliste für das C-Teile-Management	140
	10.2	Checkliste für AR/MR Reality in der Supply Chain	142

Literaturverzeichnis 145

Sachwortverzeichnis 147

Co-Autorinnen und Co-Autoren und Herausgeber 149

Abbildungsverzeichnis

Abbildung 1:	Überblick über das Portfolio von SEW-EURODRIVE (ohne Varianten oder weitere Baugrößen).	20
Abbildung 2:	Einblick in die Bauteile eines Frequenzumrichters ohne kundenspezifische Besonderheiten.	20
Abbildung 3:	Procurement 360° bei SEW-EURODRIVE.	22
Abbildung 4:	Mögliche Prozessabläufe einer AB-Verarbeitung im Vergleich.	26
Abbildung 5:	Aufbau des EDIFACT-Datenformats.	28
Abbildung 6:	Beispiel einer EDIFACT-Nachricht.	29
Abbildung 7:	Prozessablauf einer EDI-Anbindung.	30
Abbildung 8:	Möglichkeiten Anbindungsformate.	33
Abbildung 9:	OCR macht aus Dokumenten be- und verarbeitbare Daten.	34
Abbildung 10:	Belegerkennungstool mit eingehenden PDF-AB.	35
Abbildung 11:	Ablauf des OCR-Prozesses.	36
Abbildung 12:	Abweichungen im AB-Cockpit.	37
Abbildung 13:	Monitoring Cockpit EDI & OCR.	40
Abbildung 14:	Lineare Wertschöpfungskette versus entlinearisierte Wertschöpfungskette (Ökosystem).	49
Abbildung 15:	Beispiel einer Katalogseite im Beschaffungsportal simple system.	55
Abbildung 16:	Klassifizierung gem. ECLASS-Version 12.0.	56
Abbildung 17:	ECLASS-Klassifizierung für Werkzeuge.	56
Abbildung 18:	Integration der eProcurement-Lösung per PunchOut/OCI (Open Catalog Interface).	57
Abbildung 19:	Nachträgliche Integration der Bestellung bzw. des Warenkorbes in das ERP-System.	58
Abbildung 20:	Erstellung Warenkorb in der eProcurement-Lösung mit Bestellanlage und Bestellauslösung im ERP-System.	58
Abbildung 21:	CPS®miLOGISTICS – Ein System für alle Lieferanten.	64
Abbildung 22:	CPS®miSTOCK – Lagerabwicklung und Lieferantenintegration.	65
Abbildung 23:	CPS®miDROPSHIP – Lieferantenintegration über Streckenabwicklung im Kanban-System.	66
Abbildung 24:	CPS®miSELF – Eigenständige Verwaltung von Produkten und Lieferanten im Kanban-System.	67
Abbildung 25:	CPS®miSELF – Eigenständige Verwaltung von Produkten und Lieferanten im Kanban-System bei LMC.	67

Abbildungsverzeichnis

Abbildung 26:	Screenshot des eigens entwickelten Kommissionier-Cockpits, die CPS®miSELF-Softwarelösung der Würth Industrie Service zur Stammdatenverwaltung und Bedarfserfassung.	69
Abbildung 27:	Automatenversorgung für das C-Teile-Management.	71
Abbildung 28:	Kosten Beschaffungsprozess von Automaten-Lösungen/Automaten-Versorgungssystemen.	76
Abbildung 29:	Automaten- und Werkzeugdienstleistung bei der Helmut Diebold GmbH & Co. durch die Hahn+Kolb Werkzeuge GmbH (Quelle: Helmut Diebold GmbH & Co.).	77
Abbildung 30:	Automatenverwaltung von Prüfwerkzeugen (Quelle: ELABO GmbH).	79
Abbildung 31:	Topologie der Datenströme innerhalb des RFID-Kanbans der Würth Industrie Service (Quelle: Weinländer 2017; S. 84).	80
Abbildung 32:	RFID-Kanban-Prozess im C-Teile-Management.	81
Abbildung 33:	Vergleich von aktiven und passiven RFID-Transpondern.	82
Abbildung 34:	Gegenüberstellung europäischer RFID-Frequenzen und ausgewählte Eigenschaften (in Anlehnung an Gille 2010; Ten Hoempel et al. 2008, S. 106 und Weigert 2006, S. 29).	83
Abbildung 35:	UHF-Transponder (Werksfoto: SICK AG).	84
Abbildung 36:	Gegenüberstellung der Vor- und Nachteile von RFID-Kanban-Systemen.	87
Abbildung 37:	Gesamtkosten des Beschaffungsprozesses bei Einsatz eines RFID-Kanban-Systems mit „Full-Service".	88
Abbildung 38:	Übersicht der standardisierten RFID-Systeme.	89
Abbildung 39:	RFID-Gate am Warenausgang bei der Würth Industrie Service.	92
Abbildung 40:	Das RFID-Gate als „Palettscan".	92
Abbildung 41:	Das RFID-Gate als „Palettube" (Quelle: Würth Industrie Service).	92
Abbildung 42:	Funktionsprinzip am Beispiel des Lasersinterns.	97
Abbildung 43:	Lösung Ersatzteile – Sandtreppe (Quelle: FIT AG).	104
Abbildung 44:	Lösungen Ersatzteile – Vibrationsdämpfer (Quelle: FIT AG).	105
Abbildung 45:	Lösungen Ersatzteile Lagerschild (Quelle: FIT AG).	106
Abbildung 46:	Lösungen Ersatzteile – Schlauchanschluss (Quelle: SPEED3D).	106
Abbildung 47:	Neuer Gesamtprozess durch AR-Einsatz.	113
Abbildung 48:	GPS Remote Assistance-Lösung mit Realwear HMT-1 Datalens.	114
Abbildung 49:	Integration der Datenbrille in MS Teams.	115
Abbildung 50:	Virtuelle Baustellenbesichtigung in Chennai (Indien) mittels Datenbrille und MS Teams.	116
Abbildung 51:	Beispiel einer erfolgreichen Online-Veranstaltung mit Teilnehmern und Präsentationen aus verschiedenen Ländern (Quelle: GABN – Germany African Business Network).	121
Abbildung 52:	Das didaktische Konzept von 3E-Blended-Learning.	124
Abbildung 53:	Positionierung verschiedener Weiterbildungsangebote.	125

Abbildung 54:	Zufriedenheit mit verschiedenen Weiterbildungsangeboten.	126
Abbildung 55:	„Wörterwürfeln" mit GPT-3 (Quelle: Paaß, Gerhard (2022), S. 65).	128
Abbildung 56:	Screenshot Copy.AI First Draft Wizard, generiert am 7.4.2022.	129
Abbildung 57:	Screenshot Playground OpenAI, https://beta.openai.com/playground/p/default-interview-questions?model=text-davinci-002, Aufruf: 1.4.2022.	131
Abbildung 58:	Feature „Image Icebreaker", https://www.writecream.com/, generiert am 4.3.2022 nach Eingabe der URL: https://www.bme.de/der-bme/.	131

Einführung:
Digitalisierung im Einkauf –
Digitalisierung und der Mittelstand

(Wilfried Krokowski)

Die Digitalisierung im Einkauf ist ein spannendes und herausforderndes Thema. Viele Ideen, Konzepte, Aufsätze und Präsentationen sind erstellt worden. Visionen von menschenleeren Arbeitsplätzen und künstlicher Intelligenz (KI) bestimmten Prozessabläufen wurden und werden zur Diskussion gestellt. Eine Diskussion, die einen in vielen Punkten an Zeiten der „New Economy und Dot-Com-Blase" in den späten 1990er Jahren erinnert. Viele junge Start-Up Unternehmen zogen über die Lande und erklärten den klassischen Einkauf für tot. Internet-Portale und elektronische Ausschreibungen waren angesagt und standen für einen innovativen Einkauf. Warum strategische Einkaufsabteilungen mit erfahrenen Leuten, wenn es ein elektronische Portal auch tut.

Diese Ideen haben sich so nicht durchsetzen können. Zu komplex ist der Einkauf und die Rahmenbedingungen, in denen sich ein erfahrener und erfolgreicher Einkaufsmanager bewegen muss. Natürlich können Portale und eBusiness-Lösungen eine Hilfestellung sein und intelligente bzw. schlanke Prozesse in der Materialwirtschaft helfen Kapazitäten freizusetzen, die einem strategischen Einkäufer erst die Möglichkeit bieten, sich um strategische Belange kümmern zu können. Doch eins ist dabei immer in den Mittelpunkt zu stellen und dies ist der Mensch und die erfahrene menschliche Fachkraft. Routinearbeiten und die Auswertung von Informationen können der Informationstechnologie überlassen werden, nicht jedoch die strategische Bestimmung von erfolgreichen Einkaufsabteilungen.

Die Digitalisierung im Einkauf bringt viele Vorteile mit sich: Kosteneinsparungen, schnellere Prozesse und eine höhere Transparenz, die Wettbewerbsvorteile verschaffen können. Doch diese Chancen sind nicht ohne Risiken. Einige der größten Herausforderungen sind:

Fehlende Ressourcen: Die Implementierung neuer Softwarelösungen oder die Investition in digitale Assistenten erfordert einen hohen finanziellen Aufwand ohne Garantie, dass sich diese Investitionen auszahlen werden.

Mangelndes Wissen: Es mangelt an Wissen darüber, welche Lösungen es gibt, wie sie funktionieren und welche für das Unternehmen die richtigen sind und in der Praxis umgesetzt werden sollen.

Zeitmangel: Digitalisierung braucht Zeit – von der Recherche geeigneter Tools über die Implementierung bis hin zur Schulung der Mitarbeiter – das alles kostet wertvolle Zeit, für die viele Unternehmen derzeit einfach nicht genügend Ressourcen haben.

Neben den allgemeinen Konzepten und Beschreibungen der Digitalisierung bietet das Buch auch viele in der Praxis umgesetzte Best-Practice-Lösungen, die in anderen Unternehmen und Organisationen erfolgreich installiert wurden. Diese Lösungen sind keine Patentrezepte, sondern geben Ideen, Tipps und Anregungen, die in den meisten Unternehmen leicht umgesetzt werden können, wenn sie vorher an die individuellen Bedürfnisse angepasst wurden. Darüber hinaus können die in diesem Buch vorgestellten Methoden und Konzepte als Leitfaden für neue Digitalisierungsstrategien genutzt werden.

Dies ist der Grundsatz dieses Buches. Welche Arbeitsmittel und welche Prozesse können soweit automatisiert werden, damit der Einkauf in die Lage versetzt werden kann, wirklich seinen unternehmerischen Wertebeitrag gewinnbringend für die Firma leisten zu können. Wie kann an dieser Stelle die Digitalisierung in Einkauf und der Materialwirtschaft helfen, dieses Ziel zu erfüllen. Nicht eine Digitalisierung als Selbstzweck, sondern Digitalisierung als Hilfestellung.

Eine weitere Fragestellung ist, wie kann ich digitale Hilfsmittel und Prozesse in meinem Unternehmen einführen, ohne riesige Investitionen zu tätigen und dem Aufblähen einer nicht mehr überschaubaren (und noch bezahlbaren) „Big Data-" und „IT-Landschaft" Einhalt zu gebieten. Ebenfalls geht mit jeder fortschreitenden Digitalisierung auch ein erhöhtes Risiko einher. Im Zeitalter der 5G-Technologie und des Cloud-Computing sind die Vorteile eines ortsunabhängigen Datenzugriffs über eine Cloud-Lösung leicht zu erkennen. Aber was ist mit den Risiken? Wie immer hängt dies von der Situation des einzelnen Unternehmens ab.

Da das Thema „Cyberkriminalität und Datensicherheit" immer wieder heiß diskutiert wird, ist es wichtig, sich Gedanken darüber zu machen, welche IT-Kapazitäten und -Expertisen im eigenen Unternehmen vorhanden sind. Auch wenn es verlockend sein mag, die Daten in einer „Cloud" zu speichern und zu verwalten, besteht immer das Risiko, dass andere Personen oder Unternehmen in Krisenzeiten Zugang zu diesen Daten erhalten könnten. Wenn Ihr Unternehmen über die erforderlichen IT-Kapazitäten und Fachkenntnisse verfügt, kann es für Sie besser sein, Ihre Daten in einer IT-Hardwareumgebung vor Ort zu speichern und zu verwalten. Dies setzt jedoch voraus, dass Sie über eigene IT-Kapazitäten (Hardware) sowie über entsprechendes IT-Know-how verfügen. Wenn Sie über keine oder nur geringe IT-Kenntnisse verfügen, kann die Datenverwaltung durch einen professionellen und seriösen Cloud-Anbieter mit zeitgemäßen Sicherstandards vorzuziehen sein.

Ein weiterer Grundsatz ist die pragmatische Vorgehensweise und dies vor allem in Hinsicht der überwiegenden Masse von Firmen in unserer Industrie, dem mittelständischen Unternehmen. Dieses Buch soll anhand von praktischen Beispielen aufzeigen, wie auch ein kleines mittelständisches Unternehmen die Digitalisierung im Unternehmen einsetzen kann, indem es Best-Case-Lösungen adaptieren kann, die von anderen Firmen bereits erfolgreich angewendet werden, die auch in Zusammenarbeit mit kompetenten und erfahrenen Lieferanten und Dienstleistern schnell umgesetzt werden können. Die in diesem Buch aufgezeigten digitalen Lösungen beschäftigen sich daher bewusst nicht mit „fliegenden Drohnen", die eine interne Lieferkette versorgen, oder IT-Systemen, die dem Einkäufer das Denken abnehmen und seinen Beruf überflüssig erscheinen lassen, nein, dieses Buch zeigt pragmatische Lösungsansätze, die in anderen mittelständischen Unternehmen erfolgreich umgesetzt wurden. Deren Aufwand (zeitlich, von den Kapazitäten und vom Invest her) in der Umsetzung überschaubar ist. Daher stehen Themen wie:

- Vereinfachte elektronische Prozesse
- Einkaufsportale für C-Teile (und darüber hinaus)
- Automatisches Werkzeugausgabesystem
- RFID-Technologie in der Materialversorgung

im Mittelpunkt des Buches. Allerdings werden auch andere Themen aufgegriffen und beschrieben:

- die Additive Fertigung (3D-Druck) als Alternative für den Anlagenbau und die Ersatzteilbeschaffung
- Remote Assistance Lösungen für Lieferantenaudits und Qualitätsinspektionen
- der Einsatz von Videokonferenzen und Online-Weiterbildungsprogramme im Einkauf.

In allen Bereichen werden Praxislösungen vorgestellt und ausführlich über die notwendigen Rahmenbedingungen berichtet. Konzepte also aus der Praxis – für die Praxis.

Bei der Einführung von digitalen Prozessen und Hilfsmitteln gilt es, folgende Punkte zu beachten:

- Welche Prozessschritte sind für die Digitalisierung geeignet?
- Welchen Mehrwert kann ich durch die Einführung von digitalen Prozessen oder Hilfsmitteln für das Unternehmen erreichen (gesamtunternehmerische Betrachtung)?
- Welche Software ist für die Digitalisierung des Einkaufs geeignet?
- Wie kann der digitale Einkauf am besten eingeführt werden?
- Welche Maßnahmen sollten ergriffen werden, um die Sicherheit des digitalen Einkaufs zu gewährleisten?
- Welche zusätzlichen Mitarbeiterqualifikationen sind für die Digitalisierung im Einkauf erforderlich?

Der strategische Einkauf ist und wird immer eine Tätigkeit von erfahrenen Einkäufern sein, denn er erfordert sowohl die Entwicklung von innovativen Konzepten und Strategien, wie zum Beispiel Marktkenntnisse, die Verbesserung des Qualitätsmanagements und die Entwicklung von Beschaffungs- bzw. Lieferantenstrategien, als auch die Fähigkeiten, aus verschiedenen Entscheidungsmöglichkeiten die optimalste für die gegenwärtige Situation zu erkennen und in reale Aktivitäten umzusetzen. „Digitalisierung" bedeutet, dass ein zunehmender Teil des Tagesgeschäfts mit Hilfe neuer Technologie abgewickelt wird. Diese Technologien unterstützen den Einkäufer in seiner täglichen Arbeit und stellen seine Entscheidungen auf eine breitere Ebene und entlasten ihn von vielen admisitrativen und zeitaufwendigen Tätigkeiten.

Zum Abschluss beschäftigt sich dieses Buch auch mit dem Potential und Risiko der künstlichen Intellginez (KI) im Einkauf. Ein komplett neues Thema, gerade für den Einkauf. Noch nicht viele praktische Auswirkungen sind bisher sichtbar, aber das Thema rollt in einem rasenden Tempo auf unsere Gesellschaft und den Einkauf zu. Leider sind auch bei diesem Thema positive und negative Seiten sichtbar. Dieses letzte Kapitel von Frau Prof. Dr. Doris Weßels und Herrn Wilfried Krokowski soll dazu beitragen, den Einkäufer zu sensibilisieren, was in Zukunft mit der KI auf ihn zukommt. Immer notwendiger wird es sein, sich nicht „blind" auf Informationen aus dem Internet und anderen Medien zu verlassen, immer wichtiger wird das alte Sprichwort für den Einkäufer werden:

Vertrauen ist gut, Kontrolle ist besser

*

Das erste Beispiel einer erfolgreichen Einführung von digitalen Lösungen in automatisierten Einkaufsprozessen führt uns nach Bruchsal zum Unternehmen SEW-EURODRIVE. Der Einkaufsabteilung dieses Unternehmens ist es gelungen, in einem abteilungsübergreifenden Projekt die Lieferantenkommunikation mittels EDI (Electronic Data Interchange) und OCR (Optical Character Recognition) zu realisieren.

Was ist EDI?

„EDI ist die Abkürzung für Electronic Data Interchange und dient zur Übertragung von Geschäftsdokumenten zwischen Unternehmen in einem Standardformat. Einfach definiert ist EDI ein elektronisches Standardformat, das papierbasierte Dokumente wie Bestellungen oder Rechnungen überflüssig macht. Durch die Automatisierung von papierbasierten Transaktionen können Unternehmen Zeit sparen und kostspielige Fehler, die bei einer manueller Verarbeitung auftreten, beseitigen.

Bei EDI-Transaktionen werden Informationen direkt von einem Warenwirtschaftssystem in einer Organisation zu einer Computeranwendung in einer anderen Organisation übertragen. EDI-Standards definieren die Position und Reihenfolge der Informationen in einem Dokumentformat. Mit dieser automatisierten Funktion können Daten in kürzester Zeit ausgetauscht werden, verglichen mit Stunden, Tagen oder Wochen, die bei der Verwendung von Papierdokumenten oder anderen Methoden erforderlich sind.

Heutzutage nutzen Branchen die EDI-Integration, um eine Reihe von Dokumenttypen gemeinsam zu verwenden – von Bestellungen über Rechnungen und Angebotsanfragen bis hin zu Kreditanträgen und anderem mehr. In den meisten Fällen handelt es sich bei diesen Unternehmen um Handelspartner, die Waren und Dienstleistungen häufig über ihre Lieferketten und B2B-Netzwerke austauschen." (Quelle: ibm.com/Was ist Electronical Data Interchange)

Was ist OCR?

Texterkennung oder OCR (Optical Character Recognition) sind die Fachbegriffe für das Einscannen von gedrucktem Text und das Umwandeln in digitale Schriftzeichen. Ursprünglich beschränkte sich die automatische Texterkennung auf eine rein optische Schrifterkennung, zum Beispiel im Post- oder Finanzbereich (Erkennung von Postleitzahlen, Anschriften oder Überweisungsdaten). „Moderne Texterkennung umfasst inzwischen mehr als reine OCR oder Texterkennung, zusätzlich werden Methoden der Kontextanalyse, *Intelligent Character Recognition (ICR)*, hinzugezogen, mit denen die eigentlichen OCR-Ergebnisse korrigiert werden können. So kann ein Zeichen, das eigentlich als „8" erkannt wurde, zu einem „B" korrigiert werden, wenn es innerhalb eines Wortes steht. Statt „8aum" wird also „Baum" erkannt, aber eine Umwandlung von „8te", also eine alphanumerische Kombination, sollte nicht vorgenommen werden. Im Bereich industrieller Texterkennungssysteme wird daher von OCR/ICR-Systemen gesprochen. Die Grenzen des OCR-Begriffes sind jedoch fließend, denn OCR und ICR dienen auch als Marketingbegriffe, um technische Weiterentwicklungen besser vermarkten zu können.

Eine Sonderform der Texterkennung ergibt sich beispielsweise bei der automatischen Verarbeitung von Prozessen in großen Firmen. Eine Aufgabenstellung ist das Sortieren der Belege. Dafür braucht nicht immer der gesamte Inhalt analysiert zu werden, sondern es genügt manchmal schon, die groben Merkmale, etwa das charakteristische Layout von Formularen, Firmenlogos, Informationen etc., zu erkennen. Die Klassifikation bestimmter Textarten erfolgt wie bei der OCR über eine Mustererkennung, die sich jedoch global auf das gesamte Blatt oder definierte Stellen anstelle einzelner Buchstaben bezieht." (Quelle: Wikipedia)

Die Texterkennung selbst erfolgt in vier wesentlichen Schritten:

Schritt 1: Seiten- und Gliederungserkennung

Schritt 2: Mustererkennung in Zusammenhang mi einer Contexterkennung

Schritt 3: Umwandlung in digitale Schriftzeichen

Schritt 4: Codierung in das Ausgabeformat

Die klassische reine Texterkennung wird immer mehr durch leistungsfähige Hard- und Software in Verbindung mit neuronalen Netzen und KI (Künstlicher Intelligenz) verdrängt. Die OCR-Technologie ist im Bereich von modernen und innovativen Einkaufsprozessen nicht mehr wegzudenken.

Prozesse

1. Automatisierte Lieferantenkommunikation durch EDI und OCR – Digitalisierung im Einkauf von SEW-EURODRIVE

(Nina Bride und Sarah Nabinger)

1.1 Überblick

SEW-EURODRIVE ist ein Hersteller von Antriebs- und Automatisierungstechnik aus dem badischen Bruchsal. Das Unternehmen wurde 1931 gegründet und wächst seit der Nachkriegszeit sehr dynamisch. Produkte und Lösungen werden in unzähligen Branchen und Applikationen auf der ganzen Welt eingesetzt. Sie sorgen dort für die notwendige Bewegung und Steuerung von Produktionsabläufen – vom Riesenrad über die Fertigungsanlagen in der Automobilindustrie bis hin zu komplexen Produktions- und Verpackungsprozessen in der Lebensmittelherstellung.

Mittlerweile arbeiten über 19.000 Menschen in 52 Ländern für SEW-EURODRIVE und erwirtschaften einen Umsatz von über 3,1 Milliarden Euro im Geschäftsjahr 2021. Um immer nah am Kunden zu sein, produziert SEW-EURODRIVE die jeweils benötigten Produkte und Lösungen bis zu Losgröße 1 in 17 weltweit verteilten Fertigungswerken und montiert die dort produzierten Komponenten in 82 Drive Technology Centern.

Bereits 1960 revolutionierte SEW-EURODRIVE mit seinem bewährten Baukastensystem die Antriebstechnik und bietet durch millionenfache Kombinationsvielfalt kundenindividuelle Lösungen. Auch wurde sehr früh erkannt, dass diese modernen Anlagenarchitekturen eigene Antriebslösungen erfordern und damit war das Unternehmen einer der Pioniere im Sektor der dezentralen Antriebe und Mechatronik. Mit heute rund 600 Mitarbeitern in Forschung und Entwicklung am Standort Bruchsal strebt das Unternehmen weiterhin die Rolle als Vorreiter an und dies bedarf kompetenter Sparringpartner in den Schnittstellen – wie der Einkauf.

SEW-EURODRIVE stellt weltweit monatlich ca. 230.000 Getriebemotoren und etwa 55.000 Frequenzumrichter her. Für die reibungslose Produktion müssen rund 20 Millionen Kaufteile an über 100 Standorten bestellt und koordiniert werden bzw. vorrätig sein. Dabei umfasst das Spektrum unter anderem sowohl Stahlerzeugnisse oder andere Gussteile, als auch Dichtringe, Lager und SMD-Bauteile[1].

---

[1] SMD steht für „surface-mounted device" und bezeichnet eine Leiterplatte bzw. Platine.

Abbildung 1: Überblick über das Portfolio von SEW-EURODRIVE
(ohne Varianten oder weitere Baugrößen).

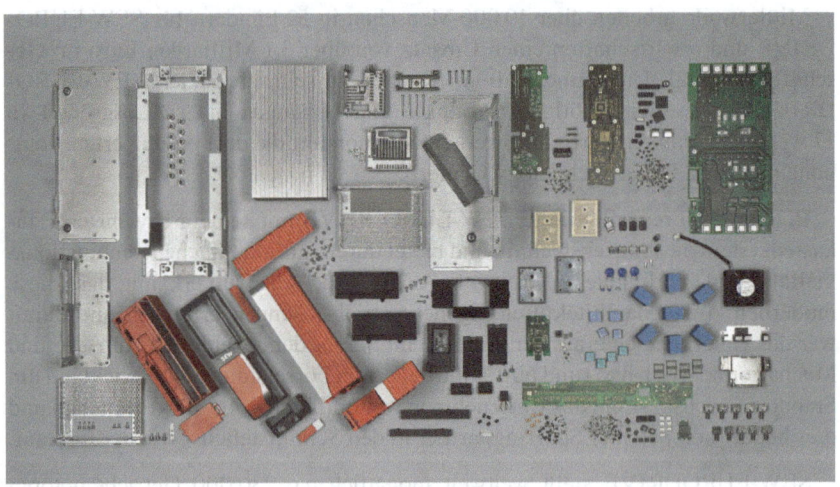

Abbildung 2: Einblick in die Bauteile eines Frequenzumrichters
ohne kundenspezifische Besonderheiten.

Aus dem Baukasten allein für Getriebemotoren entsteht auf Basis einer überschaubaren Anzahl von Komponenten eine millionenfache Varianz an Baugrößen – je nach Verwendungszweck, Branche oder Bestimmungsland.

Im Einkauf in Bruchsal laufen für die deutschen Werke die Fäden zusammen. Die Einkaufsabteilung betreut rund 4.000 aktive Lieferanten mit etwa 36.000 aktiven Sachnummern. Im Jahr erfolgen 230.000 Bestellvorgänge und es werden 170.000 Auftragsbestätigungen empfangen und verschickt. Das Einkaufsvolumen in Deutschland beläuft sich dabei auf rund 740 Millionen Euro.

1.2 Beschaffungsprozesse im Wandel

Im Zuge der steigenden Komplexität moderner Beschaffungsprozesse, unter anderem einhergehend mit den volatilen Marktbedingungen, aber auch durch neue Chancen und Möglichkeiten digitaler Lösungen, hat sich die Rolle des Einkaufs gewandelt. Die Einkaufsmitarbeiter von SEW-EURODRIVE sind heute crossfunktionale Schnittstellenmanager, Prozessgestalter und Treiber der Digitalen Transformation. Sie verfolgen die Sicherstellung einer funktionierenden Wertschöpfungskette unter Einsatz bewährter Methoden und Werkzeuge des SEW Lieferantenmanagements. Die stete Weiterentwicklung dieser Tools sowie die Erweiterung der Beschaffungskompetenzen entlang der Supply Chain sind primäre Zielsetzungen der im Einkauf erarbeiteten digitalen Strategie.

Entsprechend der Unternehmensstrategie wird ein großer Fokus auf die Entwicklung neuer, innovativer Produkte gelegt. Damit soll das starke Bestandsgeschäft zum einen weiterhin wettbewerbsfähig bleiben. Zum anderen möchte man aber auch in ganz neue Geschäftsfelder eintreten, um den weiteren, rasanten Wachstum von SEW-EURODRIVE zu fördern. Der Einkauf ist hierbei stark eingebunden. Sowohl bei einem Redesign von bestehenden Produkten als auch bei der Produktneuentwicklung haben die Einkäufer den Job, dass der „Spagat" zwischen Preis, Erfüllung der hohen Qualitäts- und Logistikanforderungen, Einhaltung der Product Compliance Richtlinien und weiterer Forderungen der Stakeholder, gelingt.

Im Rahmen der Digitalisierung gilt es auch die nicht wertschöpfenden Aufwände auf ein Minimum zu reduzieren. Schlanke, hochautomatisierte und durchgängig systemgestützte Prozesse sollen die Durchlaufzeit in der Supply Chain beschleunigen, um Kunden durch sehr kurze Lieferzeiten der SEW-Produkte mehr Flexibilität zu gewährleisten. Prozesse werden daher End-to-End betrachtet und hinsichtlich eines hohen Automatisierungsgrads optimiert. Beginnend bei der Lieferantenkommunikation gilt es auch hier, die neuen Anforderungen der Intralogistik nach Industrie 4.0 durch geeignete Tools in den Ablauf zu integrieren.

1.2.1 Procurement 360°

Mit der 2016 gestarteten Initiative „Procurement 360° – see the big picture" verfolgt die Einkaufsabteilung von SEW-EURODRIVE in Deutschland mit knapp 50 Mitarbeitern die Weiterentwicklung des Einkaufs zum Werttreiber im unternehmensweiten Wandel. Das Unternehmen entwickelt sich von der Abteilungs- zur Prozessorganisation. In dieser bereichsübergreifenden Zusammenarbeit übernimmt der Einkauf die Rolle des crossfunktionalen Schnittstellenmanagers. Dabei ist er sowohl als Projektmitglied im Produktentwicklungsteam tätig als auch für die Gewährleistung der Versorgungssicherheit der deutschen Produktionsstandorte verantwortlich. Die enge Verzahnung mit allen Schnittstellen sind Inhalte des gesamtheitlichen Ansatzes für die vernetzte, professionelle und zukunftsorientierte Einkaufsabteilung.

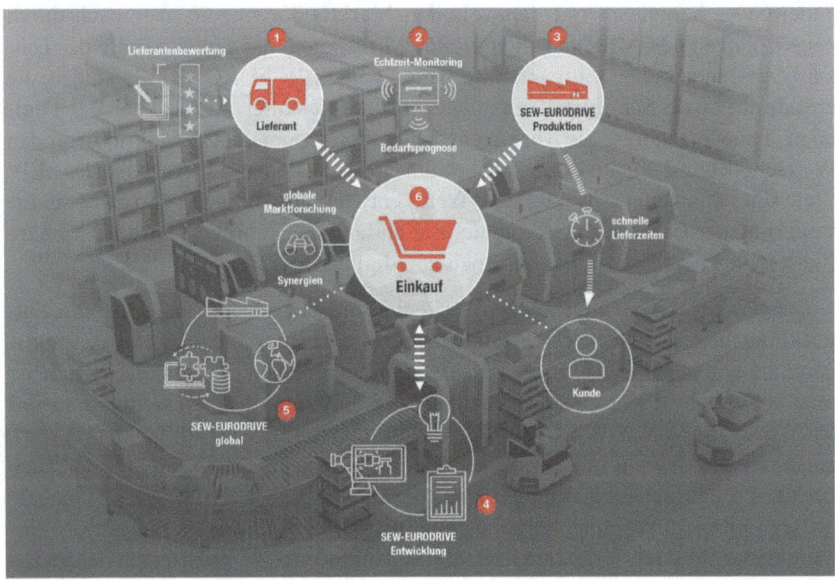

Abbildung 3: Procurement 360° bei SEW-EURODRIVE.

Abgeleitet aus der Unternehmensstrategie zur digitalen Transformation wurde „Procurement 360°" weiterentwickelt und die „Digital Procurement Roadmap – Vision 2025" erarbeitet. Ausgehend von der Prämisse, welchen Beitrag der Einkauf zur Erfüllung der gesetzten Unternehmensziele leisten kann, wurden insgesamt sechs Zielzustände ausformuliert:

1. *Sicherstellung der atmenden Wertschöpfungskette*

Durch valides *Demand Planning und Forecasting* basierend auf bereichsübergreifenden Informationen entlang der Wertschöpfungskette gewährleistet der

Einkauf die Teileverfügbarkeit für die geforderte Kapazitätsauslastung von 80–130 %, um das Unternehmensziel fünf Tage Lieferzeit gegenüber SEW-Kunden zu unterstützen. Durch den medienbruchfreien Informationsaustausch zu Schlüssellieferanten über Bedarfe, Lager- und Sicherheitsbestände in Echtzeit werden marktbedingte Schwankungen automatisch reguliert und Risikofaktoren schnell erkannt.

2. Digitale Transformation der Einkaufsprozesse

Die Effizienzsteigerung im Einkauf erfolgt durch weiteren Ausbau des Digitalisierungs- sowie Automatisierungsgrades. In Zusammenarbeit mit den dezentral aufgestellten Einkaufsabteilungen weltweit werden Prozesse standardisiert und Datenstrukturen harmonisiert. Der Einsatz neuer Technologien unterstützt dieses Vorhaben.

3. Integration der Lieferantenbasis nach Industrie 4.0

Die getaktete Warenanlieferung in standardisierten Formaten und schnelle Vereinnahmung durch die digitale Zulaufsteuerung unterstützen die vollautomatisierten Produktions- und Versorgungsabläufe nach Industrie 4.0.

4. Wettbewerbsvorteile durch Innovationsscouting

Der Einkauf nutzt Partnerschaften zu innovativen Lieferanten und Technologieführern, um in einem sehr frühen Stadium die Entwicklungsbereiche mit Innovationen der Lieferanten unterstützen zu können. Hierbei bringt der Einkauf sein starkes, bereichsübergreifendes Netzwerk – intern wie extern – ein und unterstützt strategische Entscheidungsfindungen zum Beispiel zur Abstimmung des SEW-Produktportfolios.

5. Weltweit einheitliches Lieferantenmanagement

Das Lieferantenmanagement erfolgt vollumfänglich systemgestützt, basierend auf weltweit einheitlichen Prozessen und Datenstrukturen. Die Generierung eines globalen Einkaufsmanagement-Dashboards erlaubt dem internationalen Einkauf eine starke Markt- und Verhandlungsposition. Weltweite Potenziale sowie Synergieeffekte auf der Beschaffungsseite werden frühzeitig erkannt und genutzt.

6. Kompetentes Schnittstellenmanagement

Der Einkauf übernimmt die unternehmensweite Koordination aller beschaffungsrelevanter Geschäftsprozesse im bereichsübergreifenden Kontext. In dieser Rolle agiert er als Wertgestalter und ist sowohl vollwertiges Projektmitglied im Produktentwicklungsteam als auch Verantwortlicher für die Versorgung der Produktionswerke.

1.2.2 Digitale Prototypen im Einkauf

Ein wesentlicher Erfolgsfaktor der Digitalisierungsstrategie liegt im Untersuchen und Erproben neuer Technologien und Innovationen. Aus diesem Grund sind die Mitarbeiter im Einkauf aufgefordert, Prozesse neu bzw. „grün" zu denken. Dabei gilt es, den Markt hinsichtlich Newcomern und Start-ups zu untersuchen und diese im Format eines „Digitalen Prototypen" (als PoC[2] – Proof of Concept) auf Einsatzfähigkeit zu erproben.

Seit 2019 ist die Untersuchung solch innovativer Lösungsansätze fester Bestandteil im Einkauf geworden und überdies in Form einer zentralen Gruppe mit der Stabsfunktion „Analyse und Prozesse" auch organisational fest verankert. Im Rahmen der unternehmensweiten Digitalen Transformation werden die Ergebnisse und die Empfehlung hinsichtlich der Einsatzfähigkeit sowie den dadurch generierten Mehrwert der Geschäftsführung berichtet. Die gewonnenen Resultate sind im Mindesten der Know-how Aufbau über die neuen Möglichkeiten der digitalen Welt sowie ein besseres Verständnis über Künstliche Intelligenz[3] (im Folgenden KI genannt) oder Predictive Analytics[4]. Ohne dieses Wissen kann keine Bewertung abgegeben werden, wie nützlich ein solches Tool für ein Unternehmen tatsächlich ist. Allerdings ist es nicht einfach, geeignete Lösungen junger Unternehmer für die Interessen des Mittelstands zu finden, zu welchem die SEW-EURODRIVE noch zählt.

1.3 EDI und OCR zur automatisierten Lieferantenkommunikation

Während sich interne Prozesse einfacher transformieren lassen, war und ist es die Herausforderung, möglichst alle Lieferanten bei dieser Transformation mitzunehmen. Nicht jeder Lieferant ist eigenständig in der Lage, seine Prozesse ebenfalls digital abzubilden und sein Warenwirtschaftssystem über Schnittstellen anzubinden – gerade bei kleineren Lieferanten gestaltet sich das aus organisatorischen oder finanziellen Aspekten schwierig. Auch rechnet sich der Initialaufwand, vor allem für Lieferanten mit geringerem Bestellvolumen, nicht immer.

Insbesondere für die wichtigen Kernprozesse im Einkauf ist es jedoch von hoher Bedeutung, einen gewissen Grad an Automatisierung zu erreichen. Einer dieser Kernprozesse ist die Bearbeitung von Auftragsbestätigungen (im Folgenden AB

---

[2] Ein Proof of Concept, kurz PoC, ist ein „Vor-Projekt" zusammen mit dem Anbieter. Hier wird ein realitätsnahes Szenario erstellt und die Einsatzfähigkeit aus unterschiedlichen Aspekten heraus geprüft. Es werden die zugesagten Eigenschaften und Fähigkeiten der Lösung getestet und ergebnisoffen bewertet.

[3] Unter Künstlicher Intelligenz versteht man die Funktion eines Tools oder Software, aus antrainierten Ergebnissen zu lernen und eigenständig anzuwenden.

[4] Unter Predictive Analytics versteht man das Treffen von Vorhersagen über zukünftige Ereignisse unter der Einbeziehung von Vergangenheitsdaten und statistischen Modellen.

genannt). Nach dem Bestelleingang beim Lieferanten sendet dieser in der Regel eine AB, in welcher bestätigt wird, dass eine Bestellung oder Leistung zu einem bestimmten Datum, einem bestimmten Preis und in einer bestimmten Menge geliefert bzw. erbracht wird. Dies digital umzusetzen stellt viele Unternehmen vor eine Herausforderung, sodass auch heute noch einige Lieferanten, eher Kleinere, mit gedruckten AB oder PDF arbeiten und diese per E-Mail an den Einkauf der SEW-EURODRIVE senden. Damit AB bei SEW-EURODRIVE möglichst aufwandsneutral be- und verarbeitet werden können, kommen die Technologien EDI[5] und OCR[6] zum Einsatz.

1.3.1 Die Herausforderung des Wachstums

Wachstum ist für jedes Unternehmen per se ein Erfolgsfaktor. Auch SEW-EURODRIVE wächst seit der Gründung. War das Wachstum in den Anfangsjahren überschaubar, so zog es in den 1950er und 1960er-Jahren spürbar an. Unter Ausklammerung weltweiter Krisen, wie zum Beispiel die Finanzkrise im Jahre 2009, gilt das stetige Wachstum für das Unternehmen auch weiterhin.

Dabei wächst SEW-EURODRIVE recht dynamisch. Ein erklärtes Ziel des Unternehmens ist, die Marke von 5 Milliarden Euro Umsatz pro Jahr noch in der Mitte dieses Jahrzehnts zu knacken. Dieses Wachstum bedarf vieler Maßnahmen. So investiert das Unternehmen in neue Produkte und Lösungen, aber auch in neue, hochmoderne Produktions- und Montagestätten auf der ganzen Welt. Damit einhergehend wächst der Aufwand in vielen Bereichen. Zunächst steigt das zu beschaffende Materialsortiment und neue Lieferanten kommen hinzu. Für den Einkauf bedeutet dies in der Regel ein wachsendes Bestellvolumen sowie eine höhere Anzahl an Bestellvorgängen, was zu einer größeren Anzahl an zu bearbeitenden AB führt. Zudem erhöhen steigende Anforderungen hinsichtlich des Informationsaustauschs durch zum Beispiel zollrelevante Aspekte die Notwendigkeit effizienter und durchgängig systemgestützter Prozesse in der Lieferantenkommunikation.

---

[5] EDI: Electronic Data Interchange bezeichnet den elektronischen Austausch von Geschäftsdokumenten zwischen Geschäftspartnern (hier: Einkauf und Lieferant). Mittels EDI können Dokumente effizient und effektiv verarbeitet werden. Die Daten liegen in der Regel in einer strukturierten und genormten Form vor. Die Weiterverarbeitung ist normalerweise ohne manuelle Eingriffe möglich.
[6] OCR: Optical Character Recognition ist eine automatisierte Texterkennung innerhalb von elektronischen Dokumenten oder Bildern. Sie basiert auf einer optischen Zeichenerkennung. Ziel von OCR ist es, bearbeitbare und durchsuchbare Dateien aus einem PDF oder Scan zu erzeugen.

1.3.2 Problemstellung und Lösungsansätze

Um einer der größten Herausforderungen des Wachstums – hoch automatisierte systemgestützte Prozesse – Rechnung zu tragen, untersucht der Einkauf von SEW-EURODRIVE seit Jahren verschiedenste Technologien. Die Technologie „Electronic Data Interchange" (EDI) ist im Unternehmen schon sehr lange im Einsatz. Entsprechend hoch sind die Quoten beim Versand der Bestellungen und der Verarbeitung von AB über EDI. Während rund 60 % der Bestellungen und knapp 50 % der AB über EDI erfolgen, beobachtet SEW-EURODRIVE seit einigen Jahren eine Sättigung – signifikante Steigerungen bleiben aus. Die manuelle Bearbeitung der restlichen 50 % an eingehenden AB ist in Anbetracht der insgesamt eingehenden 170.000 Bestätigungsdokumente mit einem sehr hohen Zeitaufwand verbunden.

Im Folgenden wird ein Überblick über die Prozessschritte einer manuellen Bearbeitung gegeben: Zunächst muss die Post[7] (bei SEW-EURODRIVE elektronisch) als E-Mail geöffnet und die Bestellnummer in das Warenwirtschaftssystem (bei SEW-EURODRIVE SAP ERP, im Folgenden „SAP" oder „ERP" genannt) kopiert werden. Danach wird die Bestellung in SAP geöffnet und die AB mit der Bestellung verglichen. Wichtige Informationen sind dabei bspw. Materialnummer, Menge, Lieferdatum und Preis. Bei einer Abweichung muss die Bestellung in SAP angepasst bzw. Kontakt mit dem Lieferanten aufgenommen werden. Anschließend muss der Eingang der AB im Bestätigungsreiter der Bestellung in SAP vermerkt werden durch Eintragung der AB-Nummer. Zur Archivierung wird die E-Mail in einem digitalen Archivierungssystem unter Angabe der Bestellnummer gespeichert. Der gesamte Vorgang benötigt im Durchschnitt ca. drei Minuten. Das ergibt in Summe bei etwa 85.000 manuell zu verarbeitenden AB einen jährlichen Aufwand in Höhe von 4.250 Stunden.

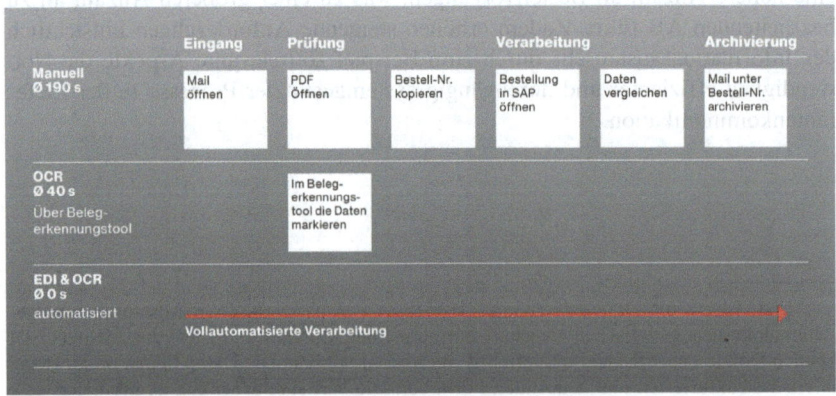

Abbildung 4: Mögliche Prozessabläufe einer AB-Verarbeitung im Vergleich.

---

[7] Bei SEW-EURODRIVE werden Auftragsbestätigungen in Form von gedruckter Post nicht akzeptiert.

Aus diesem Grund hat sich der Einkauf der SEW-EURODRIVE auf dem Markt nach weiteren Technologien erkundigt, um neben der altbewährten EDI-Schnittstelle noch eine zusätzliche Digitalisierungslösung zu implementieren. So setzt SEW-EURODRIVE ergänzend zur bevorzugten EDI-Lösung seit 2020 zusätzlich auf die KI-gestützte Technologie „Optical Character Recognition" (OCR). OCR bedeutet auf Deutsch „Texterkennung" oder „Optische Zeichenerkennung". Es ist eine KI-gestützte Technologie, die die Umwandlung unterschiedlicher Dokumente in bearbeitbare und durchsuchbare Dateien ermöglicht.

Mithilfe der OCR-Technologie liest SEW-EURODRIVE AB-Dokumente aus, um die relevanten Daten in digitaler Form an SAP ERP zu übergeben bzw. zur automatisierten Prüfung bereitzustellen. Praktisch gesehen fällt für das Antrainieren und Arbeiten mit der KI-gestützten OCR-Software teilweise manueller Aufwand an (Näheres dazu in Kapitel 1.3.4). Im Vergleich zur manuellen Bearbeitung reduziert sich der Zeitaufwand dennoch enorm auf durchschnittlich ca. 40 Sekunden pro Bearbeitungsvorgang. So können sich die ca. 4.250 Stunden einer rein manuellen Bearbeitung auf rund 950 Stunden Bearbeitungszeit reduzieren. Da das OCR-System lernfähig ist, können nach einer gewissen Anzahl antrainierter AB die Daten vollautomatisch im Hintergrund ausgelesen werden, ohne dass ein manueller Eingriff notwendig ist. Dadurch kann die Bearbeitungszeit von ca. 40 Sekunden nochmals reduziert, um nicht zu sagen vollautomatisiert werden.

In beiden Fällen – sowohl EDI als auch OCR – ist es nach wie vor notwendig, auftretende Abweichungen manuell zu bearbeiten. Die interne bzw. externe Klärung dieser Fälle kann kein System übernehmen. Die Prozessschritte bis zur Identifikation von Abweichungen können allerdings in beiden Fällen hochautomatisiert und nahezu ohne manuelles Eingreifen stattfinden, weswegen OCR eine geeignete Ergänzung zu EDI darstellt.

1.3.3 EDI – Technologie und Voraussetzungen

Der Einsatz der EDI-Technologie treibt – bei Erfüllung technischer und organisationaler Voraussetzungen – den Digitalisierungsfortschritt im Unternehmen stark voran. Electronic Data Interchange ist eine mittlerweile sehr bekannte Technologie, welche in der Industrie als Standard längst akzeptiert und bei vielen Unternehmen auch schon seit Jahren im Einsatz ist – wie auch bei SEW-EURODRIVE. Die Technologie zeichnet sich durch die direkte elektronische Kommunikation zweier Warenwirtschaftssysteme aus, was auf einen hohen Grad an Automatisierung schließen lässt. Die Nachrichten, welche über den digitalen Datenaustausch transferiert werden können, sind weltweit standardisiert und reichen im Beschaffungsbereich von der Bestellung über Lieferpläne und Lieferavis bis hin zur Rechnung. Die elektronische Kommunikation ersetzt somit die klassischen Dokumentenformate Papier oder PDF und damit einhergehend auch die altbewährten Sendemedien wie Post oder E-Mail.

Die Grundvoraussetzungen für den elektronischen B2B-Dokumentenaustausch sind standardisierte Nachrichtenformate. Nur so ist sichergestellt, dass die Daten im EDI-Dokument sowohl vom Warenwirtschaftssstem des Senders als auch dem des Empfängers ausgelesen werden können und die gesendeten Informationen korrekt weiterverarbeitet werden. Schlussendlich können auf diesem standardisierten Wege Informationen zu beispielweise Bestellungen sicher und voll systemgestützt kommuniziert werden. Die Basis für die reibungslose Datenübertragung bilden standardisierte Datenformate.

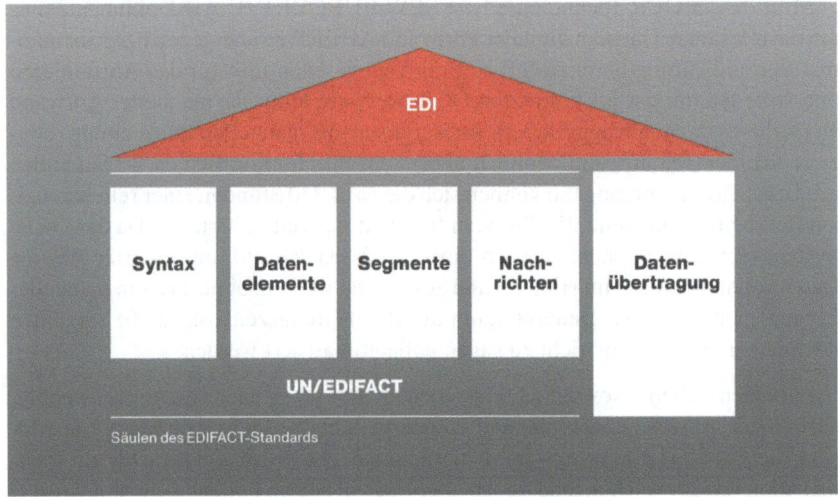

Abbildung 5: Aufbau des EDIFACT-Datenformats.

Das in der Industrie übliche sogenannte EDIFACT-Format (EDIFACT[8]) ist wie folgt aufgebaut: Eine Nachricht enthält mehrere Segmente, welche sich wiederum aus mehreren Datenelementen zusammensetzen. Zudem gibt es festgeschriebene Regeln für die Syntax, die die erlaubten Zeichen und die erlaubte Reihenfolge definieren. Was genau damit gemeint ist, wird im Folgenden beispielhaft erklärt. Eine Nachricht ist beispielsweise eine Auftragsbestätigung – in der EDIFACT-Sprache „ORDRSP". Ein Exempel für ein Nachrichtensegment ist das PIA-Segment, welches auch im folgenden Muster enthalten ist:

Das PIA-Segment hat die Funktion, das zu liefernde Produkt eindeutig zu identifizieren (**P**roduct **ID** **A**dditional). Wie in der EDIFACT-Nachricht oben zu erkennen ist, enthält das erste PIA-Segment am Ende ein Kürzel als Datenelement. „IN"

---

[8] EDIFACT steht für Electronic Data Interchange for Administration, Commerce and Transport. Es regelt den internationalen und branchenübergreifenden Standard für das Datenformat im elektronischen Datenaustausch.

1.3 EDI und OCR zur automatisierten Lieferantenkommunikation

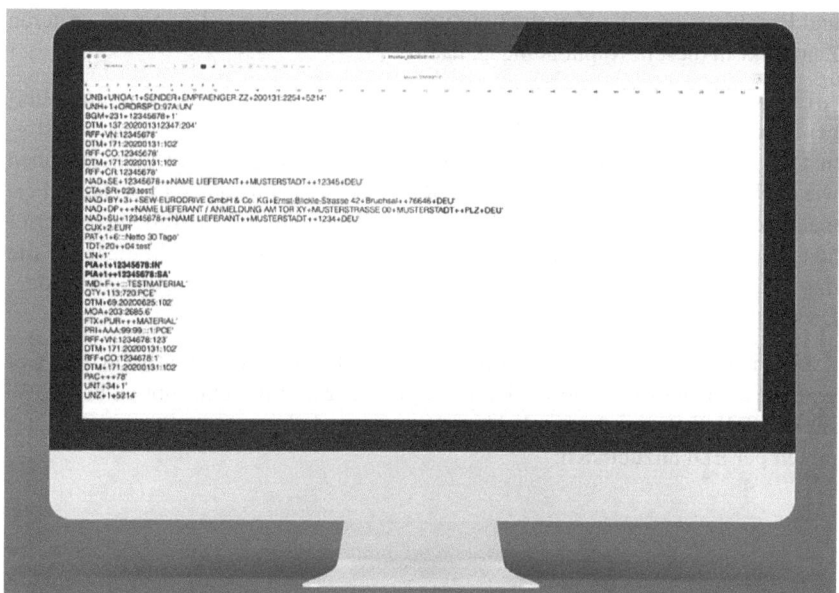

Abbildung 6: Beispiel einer EDIFACT-Nachricht.

steht für „Buyer's Item Number", was indiziert, dass an dieser Stelle im EDIFACT, also in der EDI-Nachricht, die Artikelnummer von SEW-EURODRIVE aufgeführt wird. Im zweiten PIA-Segment hingegen, durch das Kürzel „SA" getriggert, wird die Artikelnummer des Lieferanten gefordert (Supplier's Article Number). Die Liste an verfügbaren Standard-Segmenten ist schier endlos. Hier ist bei EDI-Einführung besonders darauf zu achten, dass sich der Fachbereich eng mit der IT abstimmt und letzten Endes nur die wesentlichen Elemente in das zu definierende Standard-Format einfließen. Hier lohnt auch vorab eine Abstimmung mit den größten Lieferanten, um deren Standardaufbau der Nachrichten zu benchmarken. Auch ein Abgleich mit den bis dato per E-Mail versendeten Bestellungen im PDF-Format ist sinnvoll und hilfreich. Welche zusätzlichen Informationen möchte ich dem Lieferanten neben den wichtigsten Fragen, wie „Was soll in welcher Menge zu welchem Preis und zu welchem Zeitpunkt geliefert werden?", mitgeben? Die Möglichkeiten sind, wie bereits erwähnt grenzenlos – von der Anlieferadresse bis hin zum konkreten Lagerort des EWM[9] ist alles möglich. Grundsätzlich gilt hier die Regel „weniger ist mehr": so viele Segmente wie nötig und nicht so viele wie möglich. Denn zu bedenken ist, je mehr Datenelemente die Nachricht enthält, desto höher ist die Wahrscheinlichkeit einer Abweichung beim gegenseitigen Austausch

---

[9] Extended Warehouse Management: integratives SAP-Modul zur Ressourcenverwaltung, Lagerverwaltung und Transportlogistik.

und Bestätigen (auf die Verarbeitung von Abweichungen wird zu einem späteren Zeitpunkt in diesem Kapitel eingegangen).

Eine weitere technische Voraussetzung ist das sogenannten EDI-Mapping. Hierbei werden Daten im Zuge der EDI-Konvertierung aus einem ERP-Ursprungsformat in ein Zielformat konvertiert. Ein gutes Beispiel hierfür sind Datumsangaben wie der Liefertermin in einer AB (ORDRSP). Es kann durchaus sein, dass das Format eines Lieferdatums, welches bei Bestellanlage in eine ERP-Tabelle geschrieben wird, nicht der geforderten Syntax im EDIFACT entspricht. In diesem Falle muss das Format entsprechend automatisiert im Hintergrund angepasst werden. Dies legt die IT im EDI-Mapping fest.

Um sicherzustellen, dass der Einsatz von EDI später die operative Arbeit wesentlich erleichtert und die Fehleranfälligkeit gegen null geht, gibt es bei SEW-EURODRIVE eine prozessuale Vorgehensweise als Voraussetzung, einen Lieferanten per EDI anzubinden.

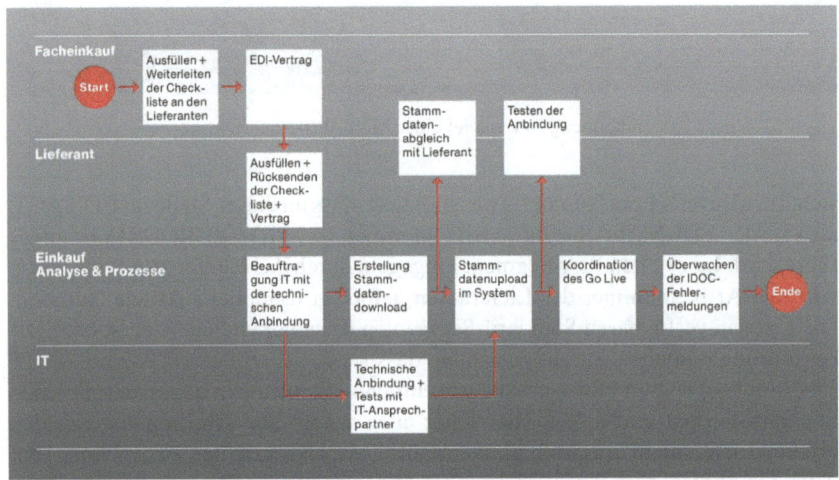

Abbildung 7: Prozessablauf einer EDI-Anbindung.

Zu Beginn des Vorhabens, EDI im Unternehmen als Kommunikationsstandard mit den Lieferanten einzusetzen, sollte ein Projektteam mit einer starken und langfristigen Ressourceneinbindung etabliert werden. Bei SEW-EURODRIVE setzt sich das Projektteam aus Projektmanager (Mitarbeiter einer zentral eingerichteten Funktion: Einkauf Analyse & Prozesse), dem Facheinkauf sowie Disposition und der IT zusammen. Benannte Key-User aus diesen Bereichen treffen sich in regelmäßigen Meetings. Die Notwendigkeit zu einem kontinuierlichen Austausch und kontinuierlichen Verbesserungen der Prozesse und Arbeitsweisen im Projektteam wurde frühzeitig erkannt und damit Rechnung getragen. Das Lernen aus Best Practices, der Abstimmung über einzelne Lieferanten oder

1.3 EDI und OCR zur automatisierten Lieferantenkommunikation

fehlende lieferantenübergreifende Funktionen sei hier nur beispielhaft genannt. Eine Schlüsselrolle bei der Implementierung spielt definitiv die IT. Sie muss zentral die benötigten Systeme und Einstellungen einrichten und verwalten. Es müssen Serverkapazitäten bereitgestellt werden und Kommunikationsschnittstellen zum Lieferanten sowie in das eigene ERP-System installiert werden. Daher legt SEW-EURODRIVE einen hohen Wert auf die enge Verzahnung des Projektmanagers, als zentrale Vertretung des Facheinkaufs, mit der IT. In dieser Team-Konstellation muss unter anderem als einer der ersten Schritte definiert werden, welche Felder bei Bestellungen geprüft werden und somit auch mit den Daten in der EDIFACT-Nachricht abgeglichen werden sollen. Mit Aufstellung des Teams empfiehlt es sich auch, die Aspekte von Change Management zu berücksichtigen (siehe auch Kapitel 5).

Ein wichtiger Prozessschritt, welcher gerne vernachlässigt wird und dann zu erhöhtem manuellen Aufwand im Nachgang führt, ist der Stammdatenabgleich. Es ist nicht allein mit der Einrichtung der technischen Anbindung getan, sondern saubere und konsistente Daten sind neben einem kompetenten Projektteam, einer regelmäßigen Kommunikation und erfolgreichem Change Management mindestens genauso wichtig wie die technischen Voraussetzungen. Denn jeder Preis, jede Materialnummer, jede Mengeneinheit etc. die von den ERP-Daten abweicht in bspw. der ORDRSP, die vom Lieferanten zurückkommt, muss manuell angepasst werden. Es empfiehlt sich daher, einen Stammdatenabzug der Lieferantendaten im eigenen Warenwirtschaftssystem zu machen und mit denen des Lieferanten abzugleichen. Daten wie Mindestbestellmengen, Materialnummern, Preise, Staffelmengen etc. müssen auf einen sauberen und konsistenten IST-Stand gebracht werden, bevor überhaupt an einen elektronischen automatisierten Austausch von Daten gedacht werden kann. Andernfalls erzeugt man im Nachgang mehr Fehler und manuelle Nacharbeit durch Abweichungen in den ausgetauschten Daten als zuvor.

In der Umsetzungsplanung hilft eine Art Checkliste – vor allem als Basisinformationen für die IT. Hier werden die Kontaktdaten, die anzubindenden Nachrichtenarten und Kreditoren- und Kundennummern dokumentiert. Zudem enthält die Checkliste erste technische Informationen wie die EDI-Guidelines (Segmentaufbau der EDI-Nachrichten etc.), die für den Lieferanten wichtig sind, da sie über Machbarkeit und/oder Implementierungsaufwand entscheiden. Grundsätzlich sollte der Lieferant eng eingebunden werden. Was zum nächsten Punkt führt: Ein zusätzlicher Rahmenvertrag ist nicht grundsätzlich notwendig, allerdings empfiehlt sich der Abschluss einer EDI-Vereinbarung als kleiner Rahmenvertrag. Dies ist notwendig, um die Verbindlichkeiten der elektronisch ausgetauschten Daten und weitere Aspekte der elektronischen Kommunikation festzulegen, wie beispielsweise Infrastruktur, Verschlüsselung, Bereitstellung des Servers, Umgang mit technischen Störungen, Datenschutz etc. An dieser Stelle gibt es einige Aspekte, welche im „konventionellen" Dokumentenaustausch im Druckformat keine Rolle spielen und erst mit dem digitalen Kontext hinzukommen.

Kann ein Unternehmen die EDI-Anbindung „aus eigener Kraft", also mit den zur Verfügung stehenden Mitteln, in Form von Ressourcen und technischem Know-how nicht realisieren, bietet der Markt verschiedene Dienstleister und auch Web-Lösungen als Alternative zur klassischen Direktanbindung. Beim sogenannten „klassischen EDI" – der bevorzugten Variante, erstellt die IT eine direkt Anbindung an den EDI-Server des Lieferanten, wodurch kein Drittanbieter involviert werden muss. Möglich ist jedoch auch, dass der Lieferant die Anbindung über einen Dienstleister einrichten lässt. In diesem Fall muss die IT-Abteilung von SEW-EURODRIVE zusammen mit dem Lieferanten und dem Dienstleister die Anbindung koordinieren. Fehlt dem Lieferanten die Expertise oder auch die erforderliche Manpower, um die Anbindung mit der hauseigenen IT oder selbst ausgewählten Dienstleistern durchzuführen, bietet SEW-EURODRIVE die Option, die Anbindung durch einen zwischengeschalteten SEW-Dienstleister durchführen zu lassen. So wird vermieden, dass der Lieferant aufgrund fehlender Ressourcen oder Know-how eine EDI-Anbindung grundsätzlich ablehnt. Die Kosten für den Dienstleister werden in diesem Falle zwischen SEW-EURODRIVE und Lieferant aufgeteilt. Die Koordination und Kommunikation mit dem Lieferanten übernimmt der Dienstleister.

Ebenso nutzt SEW-EURODRIVE die Kooperation mit Web-Anbietern, um mittelständischen bis kleinen Lieferanten ohne einem eigenen ERP-System ebenfalls den elektronischen Datenaustausch zu ermöglichen. Eine klassische EDI-Anbindung bindet unter einer gewissen Unternehmensgröße zu hohe IT-Ressourcen, weshalb sich das oftmals für kleinere Lieferanten nicht rechnet. Die Web-Lösung bietet in diesem Falle einen guten Kompromiss. Der Prozess sieht hier wie folgt aus: SEW-EURODRIVE sendet eine Bestellung (ORDERS) per EDI an den EDI-Server des Web-Portals-Anbieters. Im Hintergrund erzeugt der Dienstleister die Bestellung im PDF-Format. Dieses wird dem Lieferanten in Form einer E-Mail mit angehängtem PDF und Link zum Portal bereitgestellt. Dort kann dann der Auftrag nach interner Erfassung im lieferanteneigenen System bestätigt werden (Auftragsbestätigung). Die erforderlichen Daten wie Menge, Preis und Liefertermin trägt der Lieferant im Web-Portal in die dafür vorgesehenen Standardfelder ein. Mit Klick auf „Senden" konvertiert das Web-Portal die Daten in eine EDI ORDRSP, welche dann automatisiert an das ERP-System von SEW-EURODRIVE gesendet wird und im standardisierten EDI-Format eingeht.

Bei einer Abweichung der elektronisch übermittelten Daten in der ORDERS (Bestellung) zu der vom Lieferanten übermittelten ORDRSP (Auftragsbestätigung) erscheint ein „ORDRSP" Eingangsfehler im eigens entwickelten EDI-Cockpit im SAP Business Workplace des Einkäufers. Diese Abweichungen müssen von den Kollegen manuell abgearbeitet werden, indem die erforderlichen Anpassungen im Einkaufsbeleg vorgenommen und das IDOC somit im Anschluss erfolgreich verarbeitet werden kann. Zuvor muss der Abweichungsfall (wie bspw. Preis- oder Mengenabweichung) gegebenenfalls intern oder extern mit dem Geschäftspartner abgestimmt werden.

1.3 EDI und OCR zur automatisierten Lieferantenkommunikation 33

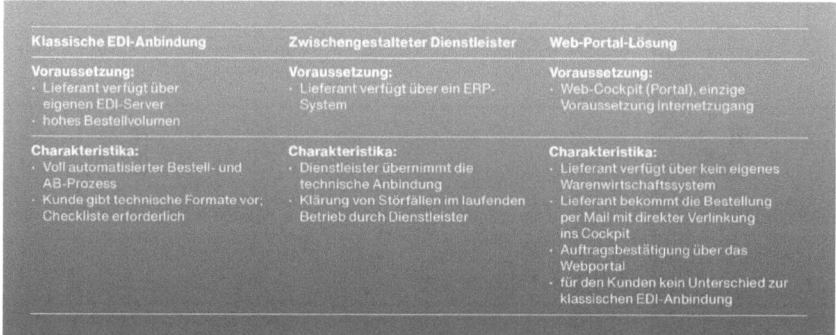

Abbildung 8: Möglichkeiten Anbindungsformate.

1.3.4 OCR als Ergänzung zu EDI – Technologie und Voraussetzungen

Es gibt bereits einige Beispiele aus dem Alltag, in denen die OCR-Technologie eingesetzt wird. In großen Arztpraxen oder Kliniken werden beispielsweise händisch ausgefüllte Patienteninformationen mittels OCR eingelesen, um die Daten in digitaler Form auf dem Computer und im System abzuspeichern (zur Vermeidung des manuellen Eintippens). Für blinde Menschen kann ein OCR-System unterstützend eingesetzt werden und aus Büchern oder Zeitschriften vorlesen. Auch Nummernschilder von Verkehrssündern werden bei der Polizei mittels OCR ausgelesen, um den dazugehörigen Autobesitzer automatisiert ausfindig zu machen. Zudem nutzt die Deutsche Post die OCR-Technologie, indem Briefe über das Auslesen der Postleitzahl auf dem Umschlag sortiert werden.

Wie eine OCR-Technologie grundsätzlich arbeitet, lässt sich in mehrere Schritte aufteilen: Zunächst verschafft sich die OCR-Software einen Überblick über das Dokument und prüft den Seitenaufbau (Aufteilung in Text und Bilder; wie viele Textblöcke gibt es). Anschließend werden die Textblöcke jeweils in Sätze, dann Wörter und schließlich einzelne Buchstaben zerlegt. Die Technologie vergleicht nun die ausgelesenen Buchstaben mit diversen, innerhalb der OCR abgespeicherten Muster, um den wahrscheinlichst zutreffenden Buchstaben zu finden. Je mehr Muster eines Buchstabens gespeichert sind, umso eher kann die OCR den richtigen Buchstaben ermitteln. Zuletzt werden die ermittelten Buchstaben wieder zu Wörtern, dann zu Sätzen und schließlich wieder zu den ursprünglichen Textblöcken zusammengesetzt. Zuletzt wird das Dokument in einem digital bearbeitbaren Format abgespeichert.

Um eine AB komplett zu verarbeiten bzw. in der Bestellung in SAP einzupflegen, ist das reine Auslesen der Daten über die OCR-Software allerdings nicht ausreichend. Die ausgelesenen Daten müssen zusätzlich in SAP zur Verfügung gestellt und mit den Informationen aus der Bestellung verglichen werden. Erst nach Ab-

Abbildung 9: OCR macht aus Dokumenten be- und verarbeitbare Daten.

gleich dieser Daten sowie ggf. Anpassung von Abweichungen darf die AB in der Bestellung eingepflegt und das Dokument archiviert werden.

Praktisch umgesetzt wird dies bei SEW-EURODRIVE mit Unterstützung eines Anbieters, der sich auf die Digitalisierung kaufmännischer Prozesse spezialisiert hat. Die Voraussetzungen für eine Umsetzung sind im Gegensatz zur EDI-Anbindung (s. Kapitel 3.3) überschaubar: Man benötigt die entsprechende Lizenz für eine OCR-Software und eine Schnittstelle zu einem Warenwirtschaftssystem wie SAP ERP muss eingerichtet werden. Zudem muss die AB als PDF-Dokument vorliegen und an ein zentrales, für diesen Zweck angelegtes E-Mail-Postfach gesendet werden. Liegt die AB in einem anderen Format vor (Excel-Datei oder als Text in einer E-Mail), können die Informationen nicht von der bei SEW-EURODRIVE eingesetzten OCR-Software verarbeitet werden.

Im Folgenden werden die einzelnen Prozessschritte der Verarbeitung über OCR erläutert: Das oben genannte Postfach, an welches die AB als PDF per Mail gesendet werden, ist an ein webbasiertes Belegerkennungstool angeschlossen. Dieses bekommt über die Schnittstelle zu SAP ERP regelmäßig die aktuellen Bestellnummern sowie Lieferantenstammdaten übermittelt. Dies ist notwendig, damit das Belegerkennungstool die eingehenden AB überhaupt einer laufenden Bestellung zuordnen kann. Mittels eines eingerichteten System-Jobs werden die an das Postfach gesendeten AB im Stundentakt an das Belegerkennungstool übergeben.

Hier werden die AB gesammelt und liegen für die Einkaufsmitarbeiter zur Verarbeitung bereit. Im Hintergrund des Belegerkennungstools arbeitet die OCR-Software, die nach der Bearbeitung die Daten digitalisiert und an SAP übergibt.

1.3 EDI und OCR zur automatisierten Lieferantenkommunikation

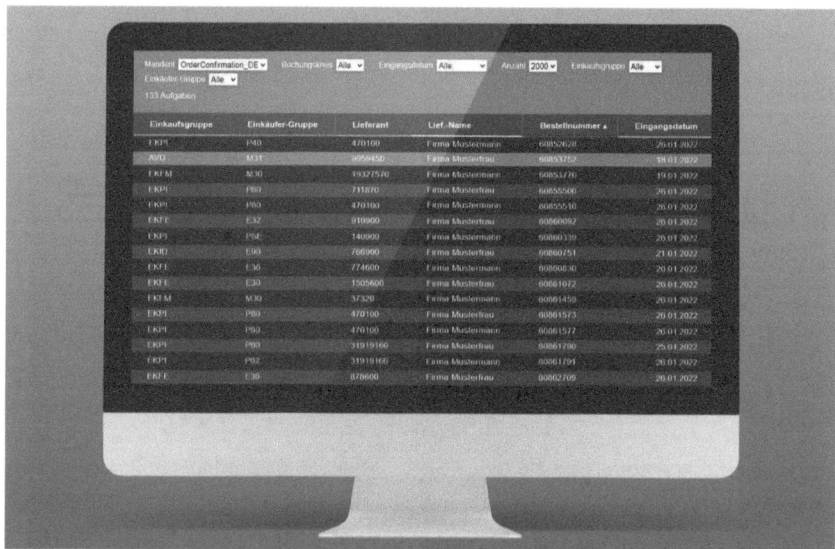

Abbildung 10: Belegerkennungstool mit eingehenden PDF-AB.

Da jeder Lieferant einen speziellen, für sich individuellen Aufbau der AB nutzt, ist es zunächst notwendig, das Belegerkennungstools zu „trainieren" und zu definieren, an welcher Stelle sich die relevanten Daten (wie Preis, Menge, Lieferdatum, Bestellnummer etc.) auf der AB befinden. Das KI-gestützte Belegerkennungstool lernt dadurch und erkennt in der Regel bereits nach wenigen AB die relevanten Felder eigenständig. Selbst einzelne Positionen werden dadurch automatisch erfasst. Somit kann für gut strukturierte AB bereits nach wenigen Verarbeitungen die Einstellung getroffen werden, die Daten automatisiert im Hintergrund auszulesen. In diesem Fall erscheint die AB nicht mehr im Belegerkennungstool und der manuelle Aufwand für die Mitarbeiter reduziert sich. Hindernisse kann es allerdings geben, wenn die AB unübersichtlich oder unstrukturiert aufgebaut ist. Ein solcher Aufbau erschwert dem Belegerkennungstool das eigenständige Auslesen der korrekten Felder und führt dazu, dass auch langfristig die AB über das Belegerkennungstool manuell bearbeitet werden muss.

Nachdem die relevanten Daten von der OCR-Software ausgelesen und digitalisiert wurden, werden im nächsten Schritt die Daten an das AB-Cockpit innerhalb SAP übergeben. Hier werden alle mittels OCR-Technologie verarbeiteten AB sowie die dazugehörigen Informationen (wie Preis, Menge, Lieferdatum etc.) aufgelistet und mit den Daten aus der Bestellung abgeglichen. Da sich die Relevanz der Daten von Unternehmen zu Unternehmen bzw. auch der Branche unterscheiden kann, muss jedes Unternehmen für sich vorab definieren, welches die relevanten Informationen auf einer AB sind und dies entsprechend in den Einstellungen pflegen (für ein Unternehmen mit nur einem Standort ist es ggf. nicht notwendig die Anlieferadresse zu prüfen, für Unternehmen mit mehreren Standorten wiederum schon).

1. Automatisierte Lieferantenkommunikation durch EDI und OCR

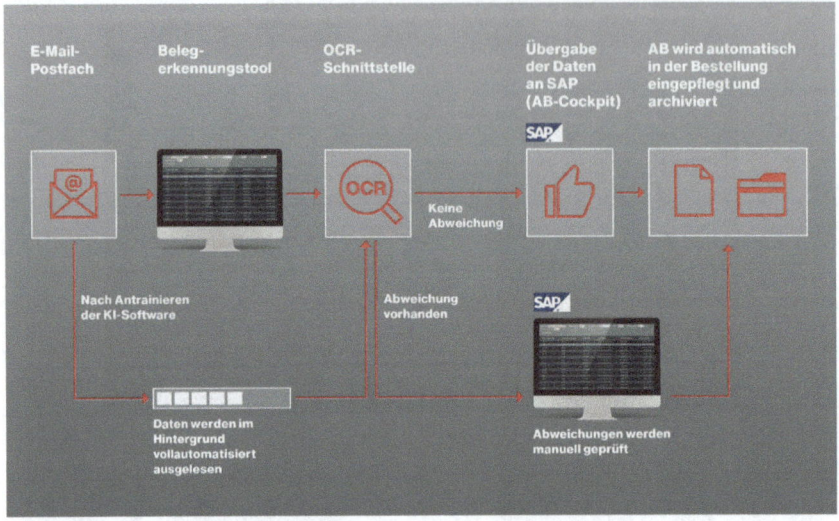

Abbildung 11: Ablauf des OCR-Prozesses.

Sobald die Daten an das AB-Cockpit zur Prüfung übergeben wurden, gibt es für die weitere Verarbeitung zwei Möglichkeiten. Liegt keine Abweichung vor, wird die AB in der Bestellung entsprechend eingepflegt und das PDF-Dokument im internen Archivierungssystem außerhalb SAP abgelegt. Bei beiden Prozessschritten ist kein manuelles Eingreifen der Mitarbeiter notwendig. Liegt eine Abweichung vor, wird dies innerhalb des AB-Cockpits über ein Ampelsystem visuell angezeigt. Diese AB müssen von den Einkaufsmitarbeitern manuell geprüft und ggf. SEW-intern bzw. mit dem Lieferanten abgestimmt werden. Wird die abweichende Bedingung aus der AB akzeptiert (bspw. bestätigter Termin weicht um zwei Wochen vom Lieferdatum der Bestellung ab), kann die AB mit wenigen Klicks bestätigt und somit in der Bestellung eingepflegt und im internen Archivierungssystem abgelegt werden. Die neue Bedingung (der sich ändernde Liefertermin) wird automatisch in der Bestellung angepasst.

Insgesamt bietet das in SAP vollintegrierte AB-Cockpit den Einkaufsmitarbeitern eine sehr gute Übersicht der bestätigten Bestellpositionen sowie eventueller Abweichungen, die noch zur Klärung ausstehen. Es ist ebenfalls möglich, direkt aus dem AB-Cockpit auf die Bestellung, den Materialstamm oder den Infosatz abzuspringen bzw. sich das ausgelesene AB-Dokument anzeigen zu lassen. Außerdem besteht die Möglichkeit, Toleranzen pro Lieferant einzustellen, um geringfügige Abweichungen ohne manuelles Eingreifen der Mitarbeiter bestätigen zu lassen. Damit wird dem System beispielsweise erlaubt, Preisabweichungen innerhalb eines Preisfensters von x € oder x % automatisch zu akzeptieren und in der Bestellung ohne manuelle Überprüfung einzutragen.

1.3 EDI und OCR zur automatisierten Lieferantenkommunikation

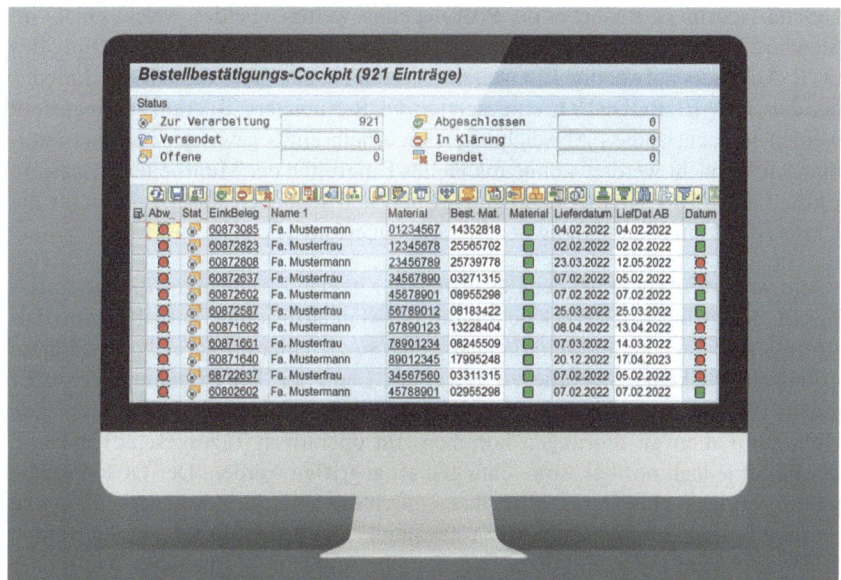

Abbildung 12: Abweichungen im AB-Cockpit.

Um den ganzheitlichen Ansatz der automatisierten AB-Bearbeitung nicht aus den Augen zu verlieren, können ebenfalls Belege der über EDI angebundenen Lieferanten auf dem AB-Cockpit angezeigt werden. Der Vorteil ist, dass das derzeit eingesetzt EDI-Cockpit zur Verarbeitung von EDI-AB abgebaut werden kann und die Mitarbeiter langfristig auf nur ein Cockpit angewiesen sind.

1.3.5 Vor- und Nachteile beider Lösungen

Obwohl beide Technologien ein gemeinsames Ziel verfolgen – die Lieferantenkommunikation zu digitalisieren bzw. automatisieren – unterscheiden sie sich häufig in ihren Vor- und Nachteilen und ergänzen sich dadurch sehr gut. Jedes Unternehmen muss daher für sich selbst abwägen, welche Technologie besser für den eigenen Unternehmenszweck geeignet ist.

Ein wichtiges Bewertungskriterium stellt die Abhängigkeit vom Lieferanten dar. Im EDI-Prozess ist die Einbindung des Lieferanten sehr hoch, da eine direkte Schnittstelle zum ERP-System des Lieferanten notwendig ist. Hierfür ist die aktive Mitarbeit des Lieferanten sowie mehrerer Abteilungen gefordert. Zudem müssen die standardisierten Vorgaben der Nachrichten berücksichtigt werden, was ebenfalls einer engen Absprache bedarf. Im OCR-Prozess hingegen ist man eher unabhängig vom Lieferanten. Sofern die AB im PDF-Format vorliegt und die zu prüfenden Felder auf der AB angedruckt sind, bedarf es keiner weiteren Einbindung des

Geschäftspartners. Bedarf es der Prüfung eines weiteren Feldes, welches nicht im Standard der OCR-Software hinterlegt ist, so ist ggf. lediglich Unterstützung des OCR-Anbieters notwendig. Ein weiterer Vorteil ist, dass über das AB-Cockpit des bei der SEW-EURODRIVE eingesetzten OCR-Anbieters Toleranzen eingestellt werden können, sodass Abweichungen innerhalb eines gewissen Fensters automatisch verbucht werden – ohne manuelles Eingreifen der Mitarbeiter. Insgesamt ist die OCR-Lösung daher deutlich flexibler und schneller umsetzbar, da für die Umsetzung keine Einbindung der Lieferanten erforderlich ist.

Ein weiterer Aspekt bei der Bewertung der beiden Lösungen ist die Störanfälligkeit. Aufgrund der Berücksichtigung der standardisierten Vorgaben im EDI-Prozess sind nach dem Stammdatenabgleich sowie einer erfolgreichen Testphase grundsätzlich keine Störfälle zu erwarten. Lediglich bei Systemupdates oder einem Wechsel von zwischengeschalteten Dienstleistern kann es durch fehlende Kommunikation zu Störungen kommen. Im operativen Tagesgeschäft muss in der Regel jedoch nur bei Abweichungen eingegriffen werden. Der OCR-Prozess ist im Vergleich eher störanfällig, da es durch die optische Zeichenerkennung zu Auslesefehlern kommen kann bzw. relevante Felder nicht korrekt erkannt werden könnten. Zudem sollte das Postfach regelmäßig auf nicht verarbeitete E-Mails oder Anhänge überprüft werden. Ist das externe Belegerkennungstool von einer Störung betroffen, ist man abhängig vom OCR-Anbieter, dass diese schnell gelöst wird.

Durch die Notwendigkeit eines zentralen Postfachs sowie eines externen Belegerkennungstools liegt innerhalb des OCR-Prozesses ein Medienbruch vor. Erst anschließend werden die Daten an SAP zur Prüfung und Ablage übergeben. Durch die Verknüpfung verschiedener Medien und der daraus resultierenden Notwendigkeit, regelmäßig laufende System-Jobs zur Übergabe der AB einzurichten, gibt es innerhalb des OCR-Prozesses einen Zeitverlust bei der Informationsbereitstellung. Zudem obliegt es der Verantwortung der Mitarbeiter, die im Belegerkennungstool angesammelten AB abzuarbeiten und an SAP zu übergeben, wodurch eine weitere Zeitverzögerung eintreten kann. Innerhalb des EDI-Prozesses sind die beiden ERP-Systeme der Geschäftspartner für den elektronischen Datenaustausch direkt miteinander verbunden und die Daten können so innerhalb von Sekunden und ohne Zeitverzögerung ausgetauscht werden.

Im weiteren Verarbeitungsverlauf der AB kann es sowohl beim EDI- als auch OCR-Prozess immer zu Abweichungen zwischen der Bestätigung des Lieferanten und der Bestellung kommen. In diesem Fall muss durch die Mitarbeiter eingegriffen werden. Da beim OCR-Prozess allerdings zusätzlich die Notwendigkeit besteht, das Belegerkennungstool manuell zu bedienen, um die KI anzutrainieren, werden hier eher operative Ressourcen gebunden als beim EDI-Prozess. Liegt keine Abweichung vor, werden die AB bei beiden Bearbeitungsarten automatisiert und ohne Eingreifen eines Mitarbeiters in die Bestellung eingepflegt und archiviert, sodass Kapazitäten freigesetzt werden, welche im derzeitigen Wachstum des Unternehmens für wertschöpfende Tätigkeiten genutzt werden können. Insgesamt kann gesagt werden, dass beide Prozessarten einer manuellen Bearbeitung vorzuziehen sind, da die manuelle Bearbeitung von AB am stärksten operative Ressourcen bindet.

1.3.6 Strategischer Ansatz bei SEW-EURODRIVE

Die zuletzt beschriebenen Vor- und Nachteile zeigen deutlich, wie unterschiedlich die beiden Prozesse in ihren Eigenschaften sind. Der OCR-Prozess bietet beispielsweise einige Vorteile hinsichtlich Flexibilität und Unabhängigkeit des Lieferanten. Man muss dafür allerdings in Kauf nehmen, dass operative Ressourcen stärker gebunden werden und dass durch den Medienbruch eher Störungen auftreten können als beim EDI-Prozess. Jedes Unternehmen muss daher für sich selbst entscheiden, welche Technologie für den eigenen Unternehmenszweck besser geeignet ist.

Nachdem EDI schon lange im Einsatz ist und man an die Grenze dessen Potenzials gestoßen ist, wird die OCR-Technologie nun als zweiter Ansatz ergänzend eingesetzt, um manuelle Prozesse der AB-Verarbeitung zu automatisieren und digitalisieren. Vor allem für kleine und mittelständische Lieferanten, bei denen eine EDI-Anbindung nicht möglich oder für eine Einrichtung zu aufwendig wäre, bietet die OCR-Technologie nun eine interessante Alternative, um deren AB digital zu verarbeiten. EDI bleibt jedoch aufgrund der zuvor genannten Vorteile die präferierte Lösung, die OCR-Lösung soll als Pendant eingesetzt werden und die Nachteile des EDI-Prozesses auffangen.

Strategisch betrachtet sind EDI und OCR bei SEW-EURODRIVE also keine konkurrierenden Prozesse, sondern bilden eine sich ergänzende Einheit mit einem gemeinsamen Ziel: Die Erhöhung der Automatisierungsrate im Prozess der AB-Bearbeitung auf mindestens 80 % (maximal 20 % manuelle Bearbeitung). Um dieses Ziel zu erreichen bzw. zu halten, finden in regelmäßigen Abständen gemeinsame Abstimmtermine mit den Key-Usern statt, um sowohl operative Störungen zu besprechen als auch strategische Weiterentwicklungspotenziale beider Technologien zu durchleuchten. Ein wichtiges Controlling-Werkzeug stellt dabei ein im Unternehmen eingesetztes Business Intelligence Tool zur Datenanalyse und Visualisierung von Dashboards dar. Mit Hilfe des sogenannten „Automatisierungsdashboard" wird jederzeit eine aktuelle Übersicht über die prozentuale Verteilung in EDI-, OCR- und manuell verarbeitete AB ermöglicht.

Sowohl die EDI- als auch die OCR-Lösung haben sich in der heutigen Systemlandschaft in den Beschaffungsabläufen integriert und sind fester Bestandteil der täglichen operativen Arbeit geworden. Aber auch im Zuge der bevorstehenden S/4 HANA Transformation sind beide Technologien kompatible Systemanwendungen, was die langfristige Denkweise von SEW-EURODRIVE bei der Suche nach Lösungen unterstreicht.

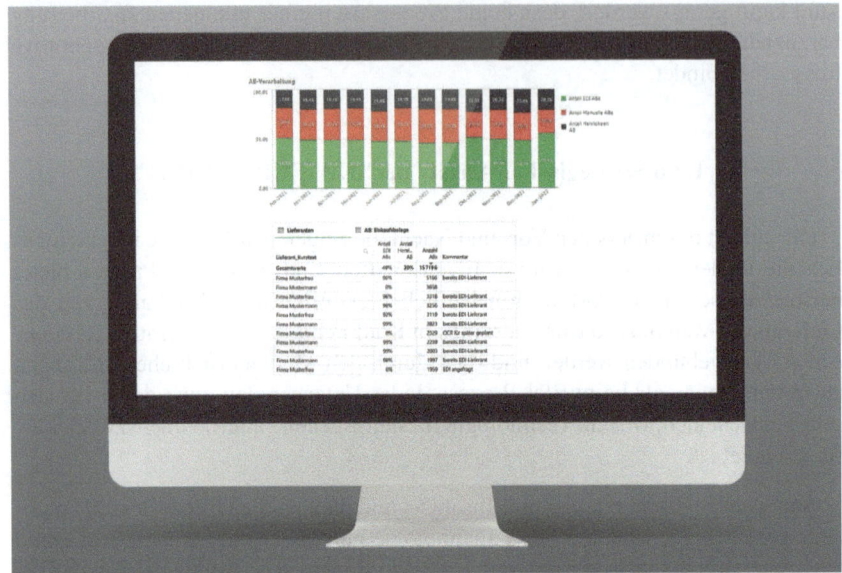

Abbildung 13: Monitoring Cockpit EDI & OCR.

1.4 Change-Management im Kontext neuer Lösungen

Probieren geht über Studieren: Das heißt für SEW-EURODRIVE, dass Fehler durchaus akzeptiert werden, wenn man daraus lernt. So ist man im Einkauf zunächst auf eine potenzielle OCR-Software gestoßen, welche auf den ersten Blick sehr vielversprechend aussah. Die Lösung wurde vom Team in einem umfangreichen PoC auf den Prüfstand gestellt. Die Erwartungen und Versprechungen konnten letzten Endes jedoch nicht erfüllt werden. Daher hat sich das Unternehmen für einen OCR-Wettbewerber entschieden, welcher ebenfalls entsprechend in einem PoC geprüft und schließlich für gut befunden wurde. In dieser Vorprojektphase wurden notwendige Erfolgskriterien der Lösung festgelegt, welche die Lösung erfüllen muss, zum Beispiel die vollautomatisierte Verarbeitung von Lieferantendokumenten, eine hohe Datenqualität, eine anwendungsfreundliche Software, ein absolut zuverlässiger Servicegrad sowie möglichst keine Abhängigkeiten zwischen Anbieter und SEW-EURODRIVE (beispielsweise aufgrund Unternehmensgröße).

→ *Wichtig*: Zu Beginn direkt die Endanwender einbinden. Dies steigert die Akzeptanz bei Einführung durch eine gemeinsame Entscheidung für ein Tool.

Um die Akzeptanz der jeweiligen Endanwender bei Einführung eines neuen Tools oder neuen Prozesses sicherzustellen, ist es wichtig – und im Einkauf bei SEW-EURODRIVE mittlerweile gelebte Praxis – das Ziel-Szenario zu beschreiben, eine strukturierte Vorgehensweise aufzuzeigen sowie heute bestehende Pain-

1.4 Change-Management im Kontext neuer Lösungen

Points offen zu benennen. Beispielsweise lautete das Ziel bei der Einführung der OCR-Lösung: „Durch hochautomatisierte Prozesse erreichen wir eine wesentliche Arbeitsentlastung bei der Pflege von Auftragsbestätigungen und Freiräume, um die heutigen Abläufe effizienter und schlanker zu gestalten. Vor allem werden wir auch bei dem enormen Anstieg der Anzahl an AB auch in Zukunft Herr der Lage sein."

Ein ganz entscheidender Faktor beim Erfolg eines Projektes ist, und das ist nichts Neues, das Projektteam. Gerade bei einem Fokus auf die Einkaufsprozesse sind mehrere Bereiche des Unternehmens beteiligt und müssen aktiv einbezogen werden. Bei SEW-EURODRIVE setzt sich in diesem Kontext ein solches Projektteam in der Regel aus den betroffenen Facheinkaufsgruppen, der Disposition und der IT zusammen. Neu hinzukommen die Kolleginnen und Kollegen aus der Intralogistik zur automatisierten Bearbeitung der Lieferavise. Am einfachsten ist es, wenn die Projektmitglieder offen für neue Abläufe sind und auch während der Implementierung die Kommunikation in ihre Bereiche aktiv weitertragen – Skill- und Mindset sollten passen. Eine gute Vertrauensbasis in dem Projektteam ist hierbei einer der entscheidenden Schlüsselfaktoren.

Für die internen Key-User bei SEW-EURODRIVE haben die Verantwortlichen für EDI und OCR monatliche Regeltermine eingestellt, um zum einen in der Implementierungsphase eng zusammenzuarbeiten und Missverständnisse zu vermeiden und zum anderen im Regelbetrieb voneinander zu lernen und Fehlentwicklungen proaktiv entgegenzusteuern. Auch eine durchgängige Weiterentwicklung der Prozesse im Sinne einer gemeinsamen Zielsetzung kann so sichergestellt werden. Bei SEW-EURODRIVE lautet die konkrete Zielsetzung, 80 % aller AB vollautomatisiert über EDI oder OCR zu verarbeiten. Dabei ist EDI weiterhin das Tool erster Wahl, OCR ist eine geeignete Ergänzung dazu.

Um bei der Verfolgung der Ziele die Motivation hochzuhalten, werden Erfolge transparent gemacht und dem Management berichtet. Für das Reporting nutzt SEW-EURODRIVE ein Business Intelligence Tool zur Datenanalyse und Visualisierung von Dashboards. Dieses kommt auch in dem monatlich stattfindenden Regeltermin mit den Key-Usern zum Einsatz, bei dem die generelle strategische Ausrichtung von EDI und OCR besprochen sowie operative Störfälle diskutiert werden. Durch die gemeinsame Abstimmung lässt sich zudem sicherstellen, dass Lieferanten strukturiert über EDI oder OCR angebunden werden, zum Beispiel nach Anzahl eingehender AB.

Als Fazit lässt sich sagen, dass sich der Einkauf bei SEW-EURODRIVE als Schnittstellenmanager etabliert hat. Über die Abteilungsgrenzen hinaus werden die Prozesse End-to-End unter Einbeziehung der Schnittstellen optimiert. Aktuell ist der Abbau werksübergreifender und historisch gewachsener Prozessunterschiede und deren Standardisierung im Fokus. Darüber hinaus lässt SEW-EURODRIVE durch die Teilnahme an unternehmensübergreifenden Arbeitskreisen auch andere Unternehmen an den gemachten Erfahrungen und Erkenntnissen partizipieren.

So kann bei interessierten Unternehmen eigenes Wissen aufgebaut und erarbeitet werden. Es werden Know-how-Träger etabliert, welche ihr Wissen basierend auf Erfahrungswerten weiterentwickeln und erste Anlaufstelle für Kolleginnen und Kollegen aus dem Einkauf sowie Schnittstellen sind.

Schulungsunterlagen und Kurz-Webinare werden in der seit Jahren etablierten Procurement Academy bei SEW-EURODRIVE für Interne zur Verfügung gestellt. Sowohl im deutschen Supply Chain Umfeld als auch im globalen Kontext der SEW-Gruppe wird das Team, welches für Analyse und Prozesse im Einkauf verantwortlich ist, als kompetente Ansprechperson für Beratung oder Projektmanagement in Anspruch genommen. Aufgebautes internes Know-how gilt es stetig weiterzuentwickeln, sei es durch den Austausch mit anderen Unternehmen, um von deren Erfahrungen zu lernen – oder indem neue innovative Lösungen selbst auf den Prüfstand gestellt werden.

eProcurement und C-Teilemanagement

Die beiden folgenden Lösungen beziehen sich auf den Bereich Einkaufsprozesse. Hierbei unterstützen digitale Werkzeuge den Bestellprozess (mittels einer eProcurement Lösung – elektronisches Einkaufsportal) und die Lieferantenintegration. Der Begriff eProcurement steht für eine elektronische Beschaffungslösung. Dahinter verbirgt sich, dass klassische Beschaffungsprozesse wie die Bedarfsanforderung, die Bestellabwicklung und der Wareneingang bzw. Rechnungsbegleichung digital unterstützt und weitgehendst automatisiert durchgeführt werden.

„Auch wenn in einer zunehmend digitalisierten Welt die Frage nach dem Sinn der elektronischen Unterstützung von Prozessen schon fast technologiefeindlich erscheint, so ist sie aber aus betriebswirtschaftlicher Perspektive zwingend zu stellen. Entscheidungen für eProcurement, in welchem Ausmaß auch immer, sind zumeist mit Investitionen, veränderten Kosten und vielfältigen anderen positiven und negativen Wirkungen verbunden. Je stärker, je weitreichender diese Wirkungen sind, desto intensiver ist die Entscheidung vorzubereiten und sind die Vor- und Nachteile der Alternativen gegeneinander abzuwägen. Die mit der Einführung/dem Ausbau von eProcurement erwarteten positiven Wirkungen sollten sich beispielhaft folgendermaßen darstellen:

Finanzperspektive

- Senkung von Einstandspreisen
- Reduktion von Prozesskosten
- Reduktion von Lagerbeständen/Kapitalbindung
- …

Kundenperspektive

- Verkürzung der Wiederbeschaffungszeiten
- Erhöhung der Auskunftsfähigkeit/der Transparenz
- Erhöhung der Aktualität von Informationen
- Reduzierung von Fehlern bei der Informationsübermittlung
- …

Prozessperspektive

- Verkürzung von Durchlaufzeiten für Informationsprozesse
- Vermeidung unnötiger Prozessschritte

- Vermeidung von Medienbrüchen
- Standardisierung von Prozessen
- Verhinderung von Korruption
- Verhinderung von Maverick Buying
- ...

Innovationsperspektive

- kontinuierliche Verbesserung der Prozesse
- Identifikation neuer Lieferanten und Beschaffungsobjekte
- Image als „Innovationstreiber"
- ...

Insbesondere für die bei Prozesskosten und Materialkosten (Einstandspreisen) erzielten Einsparungen durch die Nutzung von eProcurement liegen einige empirische Belege vor. Vor dem Hintergrund der zahlreichen möglichen positiven Wirkungen darf nicht vergessen werden, dass auch negative Effekte und Risiken zu erwarten sind. Neben den technologischen Herausforderungen (z. B. Integration in die ERP-Systeme des Abnehmers und des Lieferanten, Sicherheitsprobleme, Datenschutz, Abhängigkeit vom Anbieter, ...), den wirtschaftlichen Risiken (z. B. Prognose der Folgekosten, nicht abbaubare Fixkosten, ...) sind insbesondere Akzeptanzprobleme bei den Beschäftigten zu erwarten. Diese resultieren nicht nur aus der Annahme, dass eine Rationalisierungsinvestition, die der Prozessoptimierung dient, einen Arbeitsplatzabbau zur Folge haben kann, sondern allein die Tatsache, dass sich Abläufe und damit Arbeitsinhalte ändern werden, führt zu Unsicherheit und damit zu Widerstand. Neben den vielen „Success Stories" über die Einführung von eProcurement, existieren deshalb auch genügend Beispiele dafür, dass Einführungsprojekte gestoppt wurden oder die Realisierung scheiterte." (Lorenzen/Krokowski – Einkauf, Springer/Gabler Verlag 2017).

Das Angebot an diesen Hilfsmitteln ist groß und sollte individuell auf das jeweilige Unternehmen zugeschnitten sein. Ebenso wie die Anbieter in großer Fülle vorhanden sind, so sind auch die Anforderungen an solche Systemen äußerst unterschiedlich. Die Kunst des Einkaufs ist es, hier das richtige System zu finden, das die meisten Prozesse im Unternehmen optimal abbildet. Im nachfolgenden Beispiel wird gezeigt, wie dies bei der Lösung von „simple system" und „Memminger IRO" optimal gelungen ist.

Ein weiteres Hilfsmittel ist die Lieferantenintegration im Bestellprozess und der Warenbelieferung mittels innovativer Dienstleister. Gerade für kleinere mittelständische Unternehmen oder Industriebranchen mit einer niedrigen Stückzahl, aber hohen Teilevielfalt (zum Beispiel der Maschinenbau) ist es für den Einkauf nicht immer einfach, die Verfügbarkeit sicherzustellen, ferner ist die Personalkapazität im Einkauf sehr beschränkt und gibt nicht viel Raum für strategische Überlegungen. Daher ist es gerade hier wichtig und sinnvoll, Lieferanten und Dienstleister zu integrieren, die digitale Hilfsmittel zur Verfügung stellen, die eine optimale Materialversorgung sicherstellen bei gleichzeitiger Reduzierung der administrativen Tätigkeiten. Die hier vorgestellte Lösung am Beispiel „WÜRTH Industrie Service" und „LMC Caravan GmbH" zeigt eindrucksvoll, wie ein Dienstleister im Beschaffungs- und vor allem Materialversorgungsprozess integriert werden kann. Dies bezieht sich nicht nur auf C-Teile, sondern auch auf B- und A-Teile. Der Prozess umfasst die Bedarfserfassung, die Lieferantenverwaltung und die Warenanlieferung bis hin zur Produktion, in Form und unter Hilfestellung von digitalen Assistentensystemen und innovativen Anliefer- und Bevorratungsverfahren. Natürlich gilt auch hier der Grundsatz der Individualität, jedes Unternehmen hat hier andere Anforderungen und Voraussetzungen.

2. ePortal-Lösungen für den Mittelstand und nicht nur für C-Teile am Beispiel simple system und Memminger IRO

(Michael Petri)

2.1 Überblick

Beschaffungsplattformen fokussieren sich häufig auf C-Teile und indirekte Beschaffung. Doch wie grenzen sich A-, B- und C-Teile überhaupt voneinander ab? Welche Herausforderungen stellen sich der Einkaufsabteilung bei deren Beschaffung? Und was ist unter „indirekter Beschaffung" zu verstehen? Hier eine Begriffsklärung.

A-Teile

Sowohl A- wie auch B-Teile sind produktrelevant, meist auch C-Teile. Sie werden also Teil des Endprodukts. A-Teile sind wenige, zentrale Elemente mit einem erhöhten Einstandspreis. Die Zahl der Lieferanten beschränkt sich in der Regel auf 5 bis 10. An der Beschaffung sind mehrere Abteilungen beteiligt, so dass eine interdisziplinäre Abstimmung nötig ist. Eine Herausforderung ist die termingerechte Disposition, da aufgrund des hohen Einstandspreises Lagerbestände nicht oder nur in geringem Umfang zur Verfügung stehen; unterstützt werden kann die Disposition durch das ERP-System, das anhand der Auftragsplanung den Bedarf zu den jeweiligen Produktionszeitpunkten ausgibt.

Zu den Aufgaben der Einkaufsabteilung gehört im Bereich der A-Teile die Auswahl der strategischen Lieferanten, die Ausschreibung der Lieferverträge, Abschluss von Rahmenverträgen sowie von Mengenkontrakten zur Absicherung der Verfügbarkeit. Angesichts der hohen Einstandspreise gilt es, in Verhandlungen relevante Einsparungen zu erzielen, um die Ertragsstärke des Unternehmens und die preisliche Wettbewerbsfähigkeit des Endprodukts zu sichern.

B-Teile

B-Teile kommen in höherer Anzahl zum Einsatz als A-Teile, allerdings sind diese zu einem mittleren Einstandspreis erhältlich. Dementsprechend werden diese auf Lager gehalten, die Disposition muss für einen Mindestbestand sorgen. Die Anzahl der Lieferanten umfasst meist 25 bis 30 Anbieter, die ähnlich wie bei A-Teilen ausgewählt und unter Vertrag genommen werden. Auch hier sind Einsparungen auf den Einstandspreis ein wichtiger Beitrag zur Margensicherung.

C-Teile

Die Kategorie der C-Teile umfasst eine hohe Anzahl von Artikeln mit einem niedrigen Einstandspreis, die bei einer Vielzahl von Lieferanten beschafft werden – schnell können mehr als 100 Anbieter involviert sein. Einsparungen sind kaum zu generieren, außer es werden Einkaufsvolumen gebündelt und Lieferanten konsolidiert. Im Vergleich zum Einstandspreis fallen die Prozesskosten – von der Bedarfsermittlung über die Lieferantenauswahl bis zum Auslösen der Bestellung – stark ins Gewicht, deshalb sind Effizienzsteigerungen von höherer Bedeutung als Vorteile beim Einstandspreis. Beschaffungsplattformen wie simple system unterstützen bei der Beschaffung daher mit einem klaren Fokus auf die Prozesseffizienz.

Indirekte Beschaffung

Dabei handelt es sich um die Beschaffung von Produkten, die nicht selbst Teil des Endprodukts sind, aber im weitesten Sinne für die Herstellung benötigt werden. Darunter fallen Schmiermittel und Filter für Maschinen ebenso wie Laborkittel und Einmal-Handschuhe, aber auch Büromaterialien, Hygiene-Artikel oder Putzmittel. Dieses Segment umfasst also eine hohe Produktvielfalt aus vielen unterschiedlichen Quellen (teils mehr als 500 Lieferanten) mit unterschiedlichen Beschaffungsaktivitäten, bis hin zum Maverick-Buying, also dem „eigenmächtigen Einkauf", vorbei an der Einkaufsabteilung bzw. ohne bestehende Lieferkontrakte zu nutzen. Wird der Begriff noch weiter gefasst, können unter die indirekte Beschaffung auch einfache Service-Aufträge fallen, beispielsweise Reparaturanforderungen ans Facility-Management.

Ähnlich wie bei C-Teilen gilt, dass Einsparungen fast ausschließlich durch Lieferantenkonsolidierung zu generieren sind und der bedeutendere Faktor in der Verbesserung der Prozesseffizienz zu suchen ist, beispielsweise durch den Einsatz von Beschaffungsplattformen. Aufgrund dieser Ähnlichkeit werden gelegentlich C-Teile-Beschaffung und indirekte Beschaffung gleichgesetzt, obwohl sie strenggenommen unterschiedliche Produktbereiche betreffen. Während A- und B-Teile als Kernbedarfe gelten, zählen C-Teile und Produkte der indirekten Beschaffung zu den Randbedarfen. Sie stehen im Zentrum der folgenden Ausführungen.

2.2 Warum Plattformökonomie und Direktbeziehungen kein Widerspruch sind

Auch in Zeiten von eMail, Chatbots und Machine-2-Machine-Kommmuniktion gilt – zumindest im B-2-B Segment – der Grundsatz „Geschäfte werden zwischen Menschen gemacht". Insbesondere im Mittelstand sind Geschäftsbeziehungen immer auch persönliche Beziehungen. Hier setzt man auf langjährige, vertrauensvolle Partnerschaften, die sich auch in der Not bewähren. Denn hier geht es nicht nur um „Ware gegen Geld". Es geht auch um die Frage, wie Aufträge abgewickelt werden, um die Einhaltung von Fristen, um flexible Reaktionen oder um echte Zusatzservices. Strategische Partnerschaften umfassen neben der reinen Lieferbeziehung auch Wissensaustausch, Weiterentwicklung von Produkten und Prozessen oder gar gemeinsame Geschäftsaktivitäten.

In Zukunft kommen noch weitere Aspekte hinzu, die eine engere Kooperation bedingen. So verlangt das neue Lieferkettensorgfaltsgesetz (LkSG) ab Anfang 2023 eine höhere Transparenz entlang der Supply Chain, um menschenrechtliche und umweltbezogene Risiken sowie die Verletzung geschützter Rechtspositionen entlang ihrer Lieferketten zu identifizieren, zu verhindern, zu beenden oder zumindest ihr Ausmaß zu minimieren [https://www2.deloitte.com/de/de/pages/sustainability1/articles/lieferkettensorgfaltspflichtengesetz-lksg.html]. Daneben entstehen auch „grüne Supply Chains", die es ermöglichen, auch den Carbon Footprint und Ressourcenverbrauch der Vorprodukte in die Umweltbilanz mit aufzunehmen.

Auch in der aktuellen Corona-Pandemie ist die Qualität von Geschäftsbeziehungen ein wichtiger Faktor für den Geschäftserfolg. Denn unterbrochene Lieferketten aufgrund von Lockdowns und Logistik-Problemen sowie die Knappheit von Rohstoffen und Vorprodukten, wie aktuell beispielsweise Metalle, Kunststoffteile oder die oft genannten Chips, bedroht die Fertigung in zahlreichen Unternehmen [https://www.rnd.de/wirtschaft/corona-und-lieferengpaesse-bei-welchen-produkten-derzeit-mangel-herrscht-ENUKPSK7KJGQZHVVDEPEWM5TDI.html]. Wie gut oder schlecht eine Geschäftsbeziehung ist, kann mit darüber entscheiden, wie früh oder spät die Versorgung mit fehlenden Teilen wieder aufgenommen wird.

Veränderungen in den Wertschöpfungsketten

In der Vergangenheit waren Wertschöpfungsketten in der Regel streng linear. Sowohl Waren als auch Informationen wurden lediglich bilateral ausgetauscht. Eine grob vereinfachte Wertschöpfungskette reicht zum Beispiel vom Produzenten zu Großhändlern (Distributoren), von dort zu den Einzelhändlern und schließlich zum Endkunden. Die Daseinsberechtigung des Handels liegt in seiner Funktion als intermediär begründet. Durch Reduzierung von Komplexität in der Auftragsabwicklung und die Funktion als direkter und beratender Ansprechpartner für den Kunden wird ein Mehrwert geschaffen. Der Hersteller muss nicht die Komplexität der vielen Abnehmer meistern, und der Kunde hat einen begrenzten Suchaufwand, um Produkte zu finden und zu bewerten. Der Informationsaustausch reicht dabei in der Regel nicht über die vor- bzw. nachgelagerte Wertschöpfungsstufe hinaus.

Seit einigen Jahren entsteht ein alternatives Modell zur linearen Supply Chain: das „Ecosystem" als wirtschaftliches Ökosystem mit multilateralen Verknüpfungen der Akteure. Das Vehikel dieser vielfältigen Geschäftsbeziehungen ist die Plattform-Ökonomie. Denn insbesondere diese ist es, die auf technischer Seite die Möglichkeit zur wirtschaftlichen Sammlung, Verarbeitung, Auswertung und des Transfers von Daten in großen Mengen in Echtzeit ermöglicht und damit die Grundlage für neue Geschäftsmodelle schafft. So können einzelne Entwicklungs- und Produktionsschritte in noch kleinere Einheiten zerlegt und an ausgewiesene Spezialisten ausgelagert werden, die sich in eng begrenzten Aufgaben durch eine besonders hohe Effizienz ausweisen. In diesem Umfeld entstehen einerseits neue Service- und Geschäftsmodelle. Auf der anderen Seite wird dadurch die Rolle der traditionellen Intermediäre bedroht.

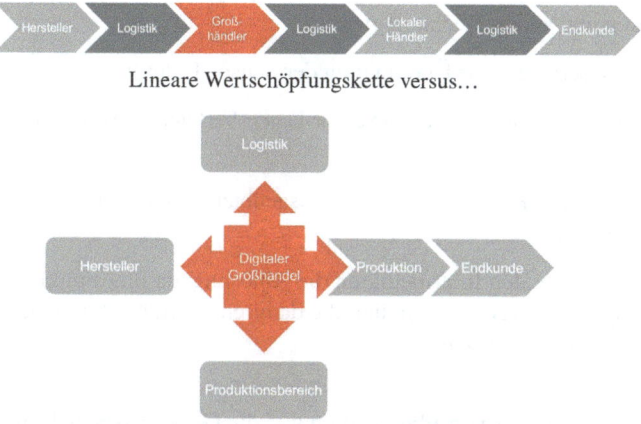

Abbildung 14: Lineare Wertschöpfungskette versus entlinearisierte Wertschöpfungskette (Ökosystem).

Veranschaulichen lässt sich diese Entwicklung am Beispiel der Finanzindustrie: Die traditionelle Filialbank leidet unter rückläufigen Margen und einem Verlust von Marktanteilen, da Direktbanken auf den Markt drängen und Kunden mit neuartigen Online-Services für sich gewinnen. Diese Services werden jedoch nicht zwingend selbst entwickelt, sondern zum Teil von Kooperationspartnern bereitgestellt. Dabei handelt es sich meist um sogenannte Fintechs – innovative Unternehmen, die als IT-Spezialisten hocheffiziente und zuverlässige, oft eng fokussierte Finanzservices entwickeln. Moderne Kernbankensysteme ermöglichen eine einfache Integration dieser Services, so dass sie sich aus Sicht der Kunden nahtlos in die Apps und Websites der Direktbanken einfügen und nicht als Funktion eines Drittanbieters zu erkennen sind.

Infolge dieser Entwicklung hat sich die Zahl der Bankstellen – also Hauptsitze und Zweigstellen – von 2004 bis 2020 annähernd halbiert [https://de.statista.com/statistik/daten/studie/72095/umfrage/anzahl-der-bankstellen-in-deutschland/]; die Zahl der eigenständigen Banken und Sparkassen ging im gleichen Zeitraum um 37,2 Prozent zurück [https://bankenverband.de/statistik/banken-deutschland/kreditinstitute-und-bankstellen/]. Diese Wucht der Veränderung, die mit der Digitalisierung einhergeht, wird auch als Disruption bezeichnet.

Ähnliche Entwicklungen zeigen sich auch im Handel. Hier entstehen digitale Ökosysteme rund um Smart Retail, Wholesale bzw. Distribution. Zahlreiche Unternehmen aus unterschiedlichen klassischen Industrien arbeiten hier kooperativ zusammen und erzeugen dabei neue Lösungen. So zum Beispiel „Smart Human": in diesem Öko-System werden nicht nur traditionelle Sicherheitsausrüstungen vertrieben, sondern Services, die den Menschen bei ihren Tätigkeiten mehr Sicherheit bieten sollen. Hinzu kommen also:

- Sensoren und andere Technologien;
- Mobilfunkservices (zur Übertragung der Sensor-Daten);
- Cloud-Services (zur Analyse von Sensor-Daten, Verknüpfung mit Umweltdaten etc.), sowie
- technologisches Know-how über die ausgeübten Tätigkeiten und deren relevante Sicherheitsaspekte.

Auch hier droht den Intermediären die Ablösung, da ihre Funktion über Technologie abgebildet werden kann und die dadurch mögliche Automatisierung effizientere Prozesse verspricht.

Der Einfluss von Plattformen auf die Geschäftsbeziehungen

Festzuhalten bleibt: Zwischen Lieferant (Verkäufer) und Kunde (Einkäufer) schieben sich weitere Marktteilnehmer, die primär digitale Services anbieten. Komplexe Wertschöpfungsketten und eine hohe Zahl an Akteuren bedeuten zugleich auch geringe Transparenz und einen großen Bedarf an Informationsaustausch. Diese Voraussetzungen begünstigen die Entstehung von Plattform-basierten Geschäftsmodellen, die Komplexität reduzieren, mit technischen Mitteln den Informationsaustausch verbessern und so zu mehr Transparenz und höherer Effizienz beitragen.

Aus diesem Grund zeigt sich gerade im Handel ein starker Trend zu neuen Marktteilnehmern, die das Modell der Plattform-Ökonomie nutzen. Die Studie „Die Marktplatzwelt 2020" [offiziell: https://www.ecom-consulting.de/marketplace-landscapes/ oder direkter Download: https://www.ecom-consulting.de/wp-content/uploads/2020/05/20-04-29_ecom_gominga_mpl-studie_2020_digital.pdf] verzeichnet global mehr als 480 Marktplätz. Davon bieten über 70 einen B2B-Ansatz, etliche verfolgen jedoch parallel auch ein B2C- oder C2C-Konzept. In Deutschland werden mehr als 40 B2B-Marktplätze gezählt.

Jedoch gibt es hier zwei Ausprägungen, die sich fundamental unterscheiden, nämlich mit und ohne Eigenhandel. Die einen fokussieren sich auf die Plattform und damit verbundene Services, sind also sowohl gegenüber Kunden wie Lieferanten neutral. Dazu zählen beispielsweise simple system oder Onventis. Die anderen, wie Amazon oder Mercateo, nehmen darüber hinaus selbst am Handelsgeschäft

2.2 Plattformökonomie und Direktbeziehungen

teil und stehen damit im Wettbewerb zu den Lieferanten auf der eigenen Plattform. Damit unterscheiden sich auch die Geschäftsbeziehungen grundlegend.

Plattformen ohne Eigenhandel haben es sich zur Aufgabe gemacht, insbesondere den administrativen Teil der Geschäftsbeziehung zu digitalisieren, also die Verknüpfung des Einkaufsprozess auf Kundenseite mit dem Verkaufsprozess auf Lieferantenseite. Als „Enabler" unterstützen sie die Teilnehmer in ihren geschäftlichen Aktivitäten, anstatt diese selbst zu übernehmen. So bieten sie eine technische Infrastruktur, auf der das Zusammenspiel der Partner besonders effizient funktioniert. Dies ist insbesondere für jene Lieferanten attraktiv, die selbst Mehrwerte anbieten und dabei von der Handelsplattform unterstützt werden. Standardisierte Schnittstellen der Plattform vereinfachen den Datenaustausch zwischen Lieferant und Kunde, so dass die Vernetzung enger wird, was die Zusammenarbeit vereinfacht und die Geschäftsbeziehung stärkt.

Plattformen mit Eigenhandel verfolgen dagegen eher das Ziel, klassische Aufgaben der Handelsstufe zu übernehmen, wie Sortimentsbildung, Preisbildung, zum Teil auch Logistik und Consulting. Dadurch kommt es zu einer Unterbrechung der Geschäftsbeziehung: Geschäftspartner des Lieferanten ist nicht mehr der Kunde, sondern die Plattform, ebenso ist der Geschäftspartner des Kunden nicht mehr der ursprüngliche Lieferant, sondern die Plattform als zwischengeschalteter Händler.

Solche Plattformen sind für Kunden interessant, für die lediglich die jeweilige Transaktion relevant ist, wo hohe Transparenz über Preise und Verfügbarkeit die wesentlichen Faktoren für die Kaufentscheidung darstellen. Der Aufwand für Supplier Relationship Management (SRM), Verhandlungen über Preise und Konditionen fällt in diesem Fall weg. Auf der anderen Seite mangelt es unter Umständen an Transparenz in Bezug auf die Supply Chain, sprich: wer der ursprüngliche Lieferant ist, und in der Folge möglicherweise auch an Informationen zur Produktqualität. Zudem sind solche Plattformen kaum für Lieferanten mit umfangreichen Mehrwert-Leistungen geeignet, da diese Services aufgrund der „indirekten" Kundenbeziehung nicht abgebildet bzw. angeboten werden können.

Fazit

Trotz Digitalisierung und Globalisierung haben direkte, starke Geschäftsbeziehungen gerade im Mittelstand weiterhin einen hohen Stellenwert. Zur Sicherung der Betriebskontinuität sind kleine und mittelständische Unternehmer in der Regel auf Partner angewiesen, die sich durch Qualität, Zuverlässigkeit und Termintreue auszeichnen, die ihrerseits an dauerhafter, nachhaltiger Zusammenarbeit interessiert sind und in schwierigen Situationen flexibel reagieren.

Digitale Handelsplattformen bieten die Chance, die Beschaffung effizienter und transparenter zu gestalten und so das eigene Geschäft zu stärken – wenn man die zur eigenen Ausrichtung passende Plattform wählt. Plattformen ohne Eigenhandel tragen dazu bei, gewachsene Geschäftsbeziehungen mit Hilfe der Digitalisierung noch effizienter zu machen und dabei nachhaltig zu stärken. Plattformen mit Eigenhandel sind eher dafür geeignet, Randbedarfe kostengünstig und mit reduziertem Aufwand zu beschaffen, wenn man im Gegenzug auf Mehrwerte, engere Geschäftsbeziehungen und Anbieter-Neutralität verzichtet. Schaut man lediglich auf die internen Prozesse, wie in den folgenden Ausführungen, dann ähneln sich beide Plattform-Arten jedoch sehr stark.

2.3 Rahmen setzen und Mitarbeiter befähigen

In prosperierenden Unternehmen klagen Einkaufsabteilungen immer öfter darüber, dass sie ihre strategischen Aufgaben in Bezug auf A- und B-Teile vernachlässigen müssen, weil sie mit zunehmender Komplexität der Bestellprozesse für C-Teile und indirekte Beschaffung an Kapazitätsgrenzen stoßen. In diesen Produktsegmenten kommt es nicht auf das Fachwissen oder das Verhandlungsgeschick der Einkäufer an. Gefragt ist eigentlich nur die Kontrollfunktion, dass die richtigen Produkte in der richtigen Menge, in guter Qualität und zum richtigen Zeitpunkt zu einem akzeptablen Preis gekauft werden. Die Zeit der Einkaufsabteilung ist hier also nicht optimal allokiert. Die Digitalisierung der Beschaffung mittels eProcurement-Systemen bietet einen wirkungsvollen Hebel, den Einkauf von C-Teilen sowie des indirekten Bedarfs mit minimalem Arbeitsaufwand der Einkaufsabteilung abzuwickeln, und so Freiräume für die strategisch entscheidende Beschaffung der A- und B-Teile zu schaffen. Die Grundidee ist dabei stets, die operative Beschaffungstätigkeit an diejenigen auszulagern, die den Bedarf haben – sogenannte Bedarfsträger. Entscheidend für den Erfolg dieses Ansatzes ist, die richtige Mischung aus individuellem Freiraum und ausreichend Kontrolle einzustellen. Hier bieten eProcurement-Lösungen verschiedene Stellschrauben, die die Einkaufsabteilung passend zur jeweiligen Unternehmenssituation entsprechend konfigurieren kann.

Regelwerk festlegen

Eines sollte man sich bewusst machen: Digitalisierung bedeutet nicht, die herkömmlichen manuellen Prozesse 1 : 1 in der IT abzubilden. Das gilt auch in der Beschaffung. Während beim traditionellen Verfahren erst kurz vor der Auftragserteilung geprüft wird, was wo gekauft werden soll, werden beim eProcurement bereits mit der Einrichtung des Systems weitgehende Festlegungen getroffen. Diese Vorauswahl ermöglicht eine starke Straffung des Prozesses, da die Prüfung einer Bestellung wesentlich zügiger erfolgen kann. So lassen sich Prozesskosten um bis zu 40 Prozent senken. Welche Kosteneinsparungen tatsächlich realisiert werden können, ist abhängig vom jeweiligen Optimierungspotential in den unternehmensspezifischen Abläufen und Prozesskosten im Einkauf [Gerberich Consulting/HTWK Leipzig]. Zudem zielt die Verbesserung der Prozesseffizienz durch Digitalisierung nicht auf die Einsparung von Personalressourcen, sondern auf die Entlastung der Mitarbeiter von zeitraubenden Routinetätigkeiten, um stattdessen Kapazitäten für stärker wertschöpfende Tätigkeiten zu schaffen.

2.3 Rahmen setzen und Mitarbeiter befähigen

An erster Stelle bei der Straffung der Prozesse ist die Lieferantenauswahl zu nennen. Mit einigen wenigen strategischen Lieferanten werden Rahmenverträge geschlossen, die zum einen Preiskonditionen, zum anderen Produktbereiche betreffen. Nur die definierten Sortimente dieser Lieferanten stehen bei der Bestellung zur Verfügung.

Zum zweiten sparen sich die Nutzer aufwändige Suchen und Eingaben. Alle bestellrelevanten Informationen sind hinterlegt. Das betrifft sowohl Details zu den Produkten aus den elektronischen Katalogen, als auch Angaben wie Kontierungstypen oder Lieferadresse. Gegebenenfalls können auch unterschiedliche Genehmigungsverfahren zur Auswahl angeboten werden. Über das Benutzerprofil ist jede Bestellung automatisch mit der richtigen Kostenstelle verknüpft. So kann jederzeit ein aktuelles Reporting erstellt werden, was zusätzliche Transparenz schafft.

Verantwortung übertragen

An dritter Stelle steht die Frage: Wer darf was? Genauer gesagt: Welcher Mitarbeiter bekommt Zugriff auf welchen Lieferanten oder auf welche Produktbereiche? Bis zu welchem Limit? Mit der entsprechenden Rechtevergabe wird die Prüfung, ob ein Mitarbeiter Produkt X von Lieferant Y bestellen darf, bereits vorweggenommen. Innerhalb der vorgegebenen Sortimente hat der Mitarbeiter die freie Wahl.

Mit der Definition von Freigrenzen, bis zu denen keine Genehmigung benötigt wird, kann dem Bedarfsträger zusätzlich Verantwortung in einem überschaubaren Rahmen übertragen werden – was auch eine Wertschätzung ausdrückt. Limits oder Budgets können sowohl nach Auftragswert als auch nach Stückpreis vergeben werden. Auch mehrstufige Freigabegrenzen sind im Rahmen eines Genehmigungsworkflows möglich.

Aufgaben effizient bewältigen

Ein Unternehmen hat mit der Einführung von eProcurement viel zu gewinnen. Während Maverick-Buying den tatsächlichen Bedarf verschleiert, fördert eine Digitalisierung der Beschaffung die Transparenz. Einkäufer erhalten einen validen Überblick über Umsätze und Beschaffungspotenzial und können sich damit eine bessere Ausgangsposition bei den Jahresverhandlungen erarbeiten. Auf der einen Seite behält die Einkaufsabteilung die Kontrolle, indem sie die Lieferanten auswählt und die Lieferkonditionen aushandelt, Produktsegmente abgrenzt, Budgets und Freigabegrenzen festlegt sowie die Berechtigungen der Mitarbeiter definiert.

Auf der anderen Seite ermöglicht ein integriertes Reporting jederzeit den Zugriff auf aktuelle Zahlen, darüber hinaus kann mit der Verknüpfung zum ERP-System die Beschaffung sogar in die Unternehmenssteuerung eingebunden werden. Den Mitarbeitern wird mehr Freiheit bei den Bestellungen eingeräumt – und innerhalb der vorgegebenen Begrenzungen kann damit die Kontrolle reduziert werden.

Das hat auch Auswirkungen auf nachgelagerte Bereiche, wie Finance und interne Logistik. So geht die Konsolidierung der Lieferantenzahl in der Regel mit weniger Einzellieferungen einher, was zum einen die Verfügbarkeit des Materials verbessert, auf der anderen Seite eine Reduzierung von Schattenlagern ermöglicht und insgesamt die Prozesseffizienz erhöht. In der Finanzbuchhaltung liegen die Bestellungen elektronisch vor, so kann es nicht zu überraschenden Rechnungseingängen kommen, die Zuordnung wird vereinfacht und die Klärung offener Fragen beschleunigt, so dass die 14-tägige Skontofrist eingehalten und der Skontoabzug häufiger genutzt werden kann.

Nicht zuletzt müssen aber auch die Bedarfsträger einen Vorteil in der elektronischen Beschaffung sehen. Nur wenn auch sie entlastet werden, wird eine digitale Bestellplattform von den Mitarbeitern angenommen – das ist ein wesentlicher Erfolgsfaktor.

2.4 User Experience: Von der Bestellanforderung (BANF) zur One-Click-Order

Die Umstellung der papierbeleghaften Bestellanforderung (BANF) auf einen digitalen Prozess wird von den betroffenen Mitarbeitern der Fachabteilungen teils als Belastung wahrgenommen. Gewohnte, liebgewonnene Arbeitsweisen fallen weg, stattdessen müssen neue, unbekannte Abläufe gelernt werden. Um die Akzeptanz der Mitarbeiter für eine elektronische Beschaffungslösung schnell zu gewinnen, darf der Bestellvorgang für den Bedarfsträger durch die Digitalisierung nicht komplizierter oder aufwändiger werden als die bisherige papierbehaftete BANF. Dann lassen sich Vorteile leichter vermitteln, wie beispielsweise der Wegfall von Zeitverlusten, weil es keine Unterschriftenmappe mehr gibt, die wegen Urlaub, externen Terminen oder Home-Office des Vorgesetzten liegenbleibt.

Bedienoberfläche

Um dieses Ziel zu erreichen, sollten Sie folgende Punkte beachten:

1. Nutzen Sie gängige Online-Funktionsweisen und Optiken; weichen Sie nicht ab von „gelernten" Arbeitsweisen, die sich im privaten Umfeld durchgesetzt haben („Consumeration").
2. Stellen Sie eine schnelle Auffindbarkeit der Artikel sicher, indem Sie alle relevanten Informationen zur Verfügung stellen und durchsuchbar machen, insbesondere Standard-Daten wie Herstellerangabe, Hersteller-Artikel-Nummer, EAN und GTIN.
3. Lassen Sie den direkten Zugriff auf bereits getätigte Bestellaufträge bzw. bestellte Artikel zu und ermöglichen Sie eine einfache Neubestellung.
4. Vereinfachen Sie die Prozesse in der Abwicklung bis zur Bestellauslösung. In der Fachabteilung sollten nur die wirklich notwendigen Schritte stattfinden. Nutzen

2.4 User Experience

Sie stattdessen Vorbelegung bzw. Vorlagen und Automatisierungen, beispielsweise bei der Zuordnung von Kostenstellen und ähnlichem, damit der Bestellprozess für die Bedarfsträger nicht komplizierter wird, sondern weniger aufwändig.

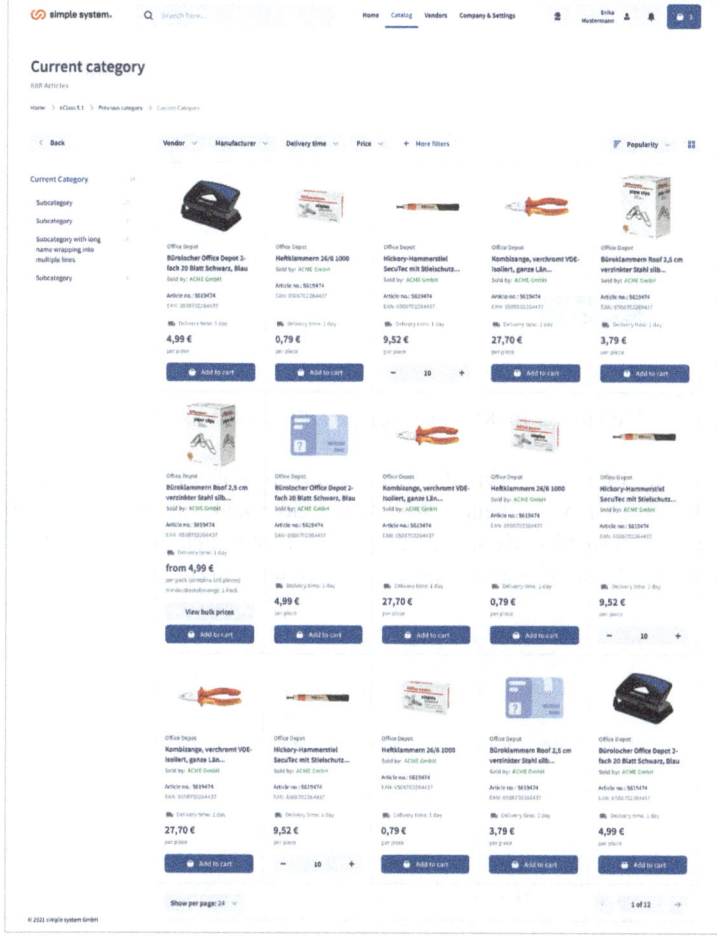

Abbildung 15: Beispiel einer Katalogseite im Beschaffungsportal simple system.

Automatisierung

Auch bei der Automatisierung lohnt es sich, auf bewährte Verfahren und Standards zurückzugreifen. Im Bereich der Klassifizierung empfiehlt sich beispielsweise ECLASS (https://www.eclass.eu/), ein branchenübergreifendes Klassifizierungssystem für Produkte und Dienstleistungen, das für unterschiedliche Anwendungsfälle genutzt werden kann. Wie dies in der Praxis umgesetzt werden kann, zeigt das folgende Beispiel:

Der Bedarfsträger benötigt einen speziellen Hammer, der in ECLASS Version 12.0 unter der Bezeichnung 21-04-09-15 Schlosserhammer zu finden ist. Dieser 8-stellige ECLASS-Code setzt sich über die verschiedenen Ebenen der Klassifikation zusammen:

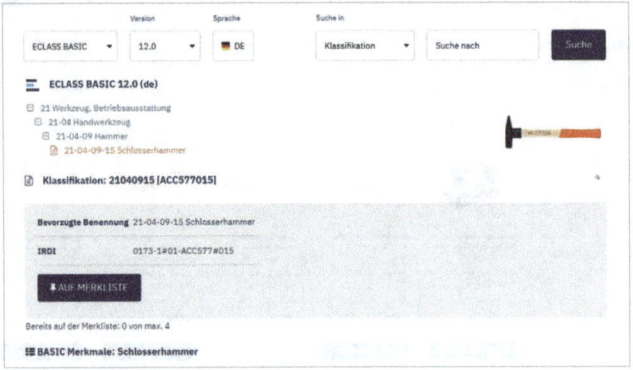

Abbildung 16: Klassifizierung gem. ECLASS-Version 12.0.

Anhand des ECLASS-Codes kann nun zum einen über ein Mapping zwischen der jeweiligen ECLASS-Ebene automatisiert ein Sachkonto im Warenkorb-Prozess zugewiesen werden. Zum anderen ist es auch möglich, bei der Bestellanlage die zugehörige Einkaufswarengruppe zu finden und darzustellen.

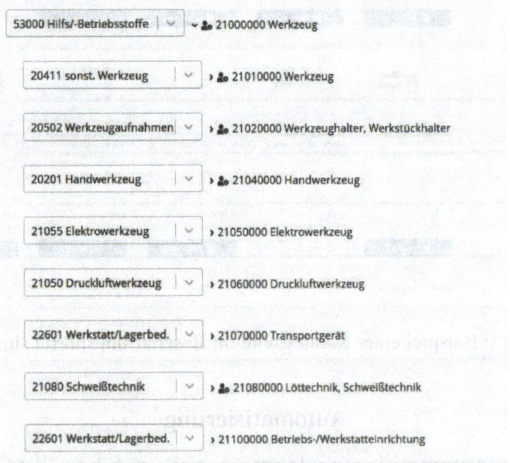

Abbildung 17: ECLASS-Klassifizierung für Werkzeuge.

Der Bedarfsträger wird also durch eine Prozessautomation von unnötigen Aufgaben entlastet und kann sich auf die relevanten Bestellschritte konzentrieren. Somit trägt die Digitalisierung zu einer effizienteren Abwicklung des Bestellvorgangs bei.

Integration in ERP oder Warenwirtschaft

Mit der Einführung einer eProcurement-Lösung ist der erste Schritt zur Digitalisierung des Beschaffungsprozesses getan. Die damit erreichte Effizienzsteigerung schöpft jedoch noch nicht das volle Optimierungspotenzial aus. Dieses erschließt sich erst, wenn die digitale Beschaffung in das führende ERP-System des Kunden integriert wird. Werden dort alle bestellrelevanten Informationen zusammengeführt, können diese für die automatisierte Buchung von Folgebelegen wie Lieferung und Rechnung sowie für aktuelle Auswertungen und Reportings genutzt werden. So stehen die Daten aus der Beschaffung direkt zur Unternehmenssteuerung zur Verfügung. Darüber hinaus können bereits im ERP-System angelegte Prozesse genutzt werden, beispielsweise für Genehmigungsverfahren, so dass der Aufwand für die Einführung der eProcurement-Lösung sinkt.

Zur Integration der digitalen Beschaffung in ERP oder Warenwirtschaft gibt es verschiedene Möglichkeiten, die im Folgenden dargestellt werden.

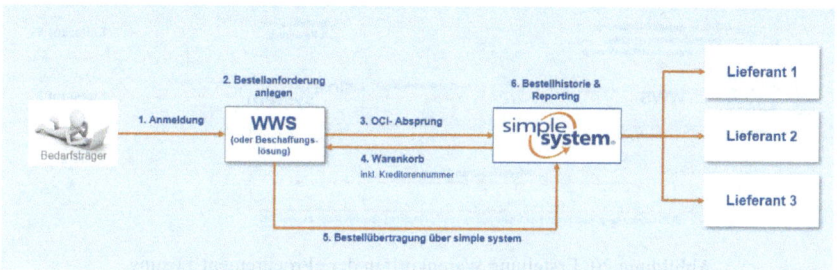

Abbildung 18: Integration der eProcurement-Lösung per PunchOut/OCI (Open Catalog Interface).

Die eProcurement-Lösung wird bei einer PunchOut-/OCI-Integration als reine Artikeldatenbank verwendet. Bestellanlage und Bestellversand verbleiben im ERP-System des Kunden, dadurch werden bestehende Genehmigungsverfahren und die Bestellnummernvergabe weiter genutzt. Auf diese Weise wird ein durchgängig automatisierter Prozess mit führender Rolle der Bestellanforderung (BANF) erreicht.

Das bedeutet umgekehrt, dass jeder Besteller Zugang zum ERP-System benötigt sowie die dafür nötigen Schulungen. In vielen Unternehmen ist ein solcher Rollout auf sämtliche Bedarfsträger aus wirtschaftlichen Gründen nicht möglich.

In diesem Fall erstellt der Bedarfsträger seinen Warenkorb innerhalb der eProcurement-Lösung und löst auch hier die Bestellung aus. Diese wird parallel sowohl an den Lieferanten als auch an das eigene ERP-System übermittelt. Der Vorteil ist, dass der Bedarfsträger lediglich Zugang zur eProcurement-Lösung benötigt, nicht zum ERP-System. Trotzdem können sämtliche Folgebelege weiterhin im ERP-System abgewickelt werden. Für das Unternehmen bedeutet dieses Szenario

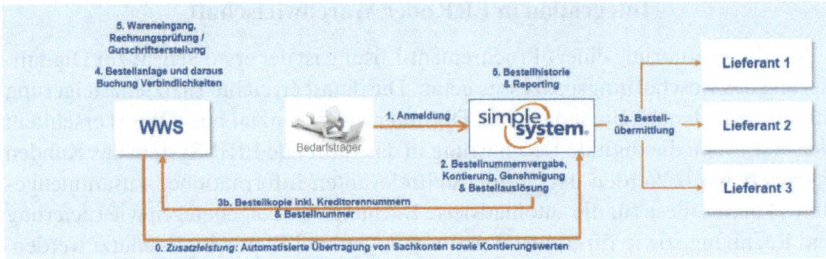

Abbildung 19: Nachträgliche Integration der Bestellung bzw.
des Warenkorbes in das ERP-System.

einen geringeren Schulungsaufwand und reduzierte Betriebskosten, zudem ist in der Regel ein schnelleres Rollout möglich.

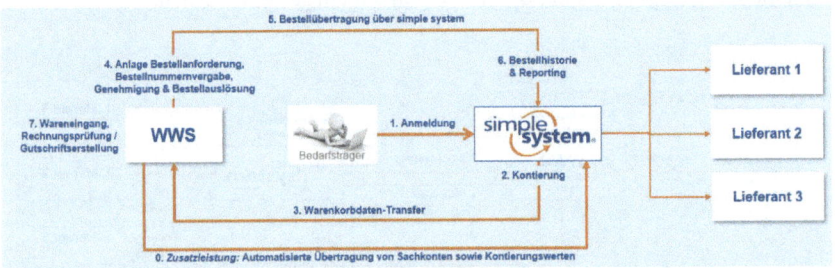

Abbildung 20: Erstellung Warenkorb in der eProcurement-Lösung
mit Bestellanlage und Bestellauslösung im ERP-System.

Bei dieser Variante erstellt der Bedarfsträger den Warenkorb im eProcurement-System. Doch der wird dann zunächst inklusive aller Kontierungsinformationen ins ERP-System übermittelt. Dort wird eine BANF angelegt und die Bestellung schließlich auch ausgelöst. Die Bestellnummernvergabe, Genehmigungsworkflows und die Bestellanlage finden allesamt ausschließlich im ERP-System statt.Wie im vorangegangenen Szenario benötigt der Bedarfsträger lediglich Zugang zur eProcurement-Lösung, nicht zum ERP-System, mit den gleichen positiven Effekten in Bezug auf Schulungsaufwand und Betriebskosten. Im ERP-System können nicht nur die Folgebelege abgewickelt werden, sondern es stehen uneingeschränkt alle hinterlegten Prozesse und Workflows zur Verfügung.

Fazit

Die Einführung einer digitalen Beschaffungslösung dient in erster Linie dazu, Effizienzpotenziale zu heben. Dies gelingt nur, wenn das System von den Nutzern – den Bedarfsträgern – akzeptiert wird und diese nicht mit zusätzlichen Aufgaben belastet werden. Daneben ist es auch von großer Bedeutung, wie das eProcurement-System ins ERP-System eingebunden wird. Auch diese Entscheidung hat direkte Auswirkungen auf die Anwender, die mit jeweils unterschiedlichen Abläufen konfrontiert werden. Aber ebenso auf die Frage, welche Optimierungspotenziale damit erreicht werden, denn auf der einen Seite schlagen Kosten für Schulungen und Benutzerlizenzen zu Buche, auf der anderen Seite ermöglicht eine tiefe Integration den Zugriff auf bereits bestehende Prozesse, was weniger Integrationsaufwand und kürzere Eingewöhnungszeiten bedeutet. Aufgrund der zur Verfügung stehenden unterschiedlichen Optionen hat jedes Unternehmen die Chance, den Weg zu gehen, der den eigenen Zielen und Gegebenheiten am besten entspricht, wie das folgende Beispiel zeigt.

2.5 Digitalisierung im Mittelstand am Beispiel Memminger-IRO

Memminger-IRO ist ein mittelständisches Maschinenbauunternehmen aus Dornstetten, Baden-Württemberg, das auf Verfahrenstechnik für Fadenzuführung, Kontrolltechnik und Schmiersysteme für Strickmaschinen spezialisiert ist. Das Unternehmen liefert an Textilhersteller in 100 Ländern weltweit, Schwerpunkt ist Asien. In der Firmenzentrale im Nordschwarzwald sind rund 230 Mitarbeiter beschäftigt.

Die ersten Schritte hin zur elektronischen Beschaffung unternahm das Unternehmen 2010. Bis dahin wurden Büromaterialien auf Lagerhaltung geordert und somit immer der günstigste Anbieter ausgewählt. Eine Unternehmensberatung empfahl eine Bündelung des Einkaufsvolumens bei einem zentralen Lieferanten. So entschied man sich für einen Anbieter und dessen elektronische Beschaffungsplattform. Aufgrund der positiven Erfahrungen entschied man bei Memminger-IRO, bei Verpackungsmaterialien wie Kartonagen und Klebebändern ebenfalls auf eine zentrale elektronische Beschaffung zu setzen. Der Lieferant setzte ebenfalls ein eigenes System ein, so dass eine zweite Beschaffungsplattform installiert werden musste.

Angesichts der grundsätzlich positiven Erfahrungen war klar, dass weitere Produktsortimente folgen würden, beispielsweise Fachliteratur – aber nicht noch mehr unterschiedliche Einkaufssysteme. Stattdessen sollte nun eine Plattform gefunden werden, über die der Einkauf von C-Produkten und die indirekte Beschaffung abgewickelt werden konnte. Im Rahmen einer Abschlussarbeit ermittelte ein Student im dualen Studiengang die indirekten Bedarfe des Unternehmens, nach Art, Umfang und bisherigen Lieferanten. Auch das bisherige Bestellverhalten wurde analysiert. Mit diesen Informationen begann die Suche nach einer geeigneten Plattform. Aus dem Wettbewerbsvergleich ging simple system als Sieger hervor, denn hier war die größte Überschneidung des Bedarfs mit den angebotenen Sortimenten zu finden. Auf Anhieb konnte hier rund die Hälfte der benötigten Produkte beschafft werden.

Der aktuelle Stand

In den vergangenen zehn Jahren wurde der Anteil der über eine zentrale Beschaffungsplattform beschafften Produkte kontinuierlich auf inzwischen rund 65 Prozent ausgebaut. Der verbliebene Anteil wird zum Teil bei lokalen Geschäftspartnern gedeckt. Mit 26 Lieferanten auf der Plattform sind feste Konditionen vereinbart. Anfangs war für jeden Produktbereich nur ein Lieferant genutzt worden. Aufgrund der gestiegenen Volumina und aus Gründen der Versorgungssicherheit ist inzwischen meist ein zweiter Anbieter hinzugekommen. Die Beschaffung erstreckt sich vorranging auf neun Produktkategorien:

1. Büromaterial

2. Fachliteratur

3. Verpackungsmaterial (Lagerhaltung)

4. Vorrichtungsteile/Betriebsmittel für Konstrukteure

5. Entwicklungsmaterialien (Elektronik-Kleinteile/-muster)

6. Mechanische Fertigung (Schraubensortiment)

7. Handwerkzeuge

8. Kleinelektronik (Haustechnik & Betriebsmittel)

9. Hygienematerial (Facility-Management)

Für die rund 230 Mitarbeiter in der Firmenzentrale existieren 80 Accounts für die simple-system-Plattform. Zum Teil handelt es sich dabei um unpersönliche Zugänge, beispielsweise bestellen alle Auszubildenden über einen gemeinsamen Account.

Bis zu einer bestimmten Budget-Grenze werden Bestellungen von einem Genehmiger der Einkaufsabteilung freigegeben, bei höheren Beträgen muss die Geschäftsführung eine Freigabe erteilen. Aber es gibt auch eine Bagatellgrenze nach unten: Aufträge bis 30 Euro gehen ohne Genehmigung durch. Diese Grenze wurde in der Einführungsphase festgelegt. Bei Auffälligkeiten hätte das Controlling jederzeit auf aktuelle Detailzahlen aus der Beschaffungsplattform zurückgreifen können. Doch das Vertrauen in die eigenen Mitarbeiter wurde nicht enttäuscht: Bestellungen unterhalb der Bagatellgrenze sind relativ konstant, also offensichtlich dem laufenden Bedarf geschuldet.

Einführungsphase

Die Einführung der Plattform wurde in rund sechs Monaten vollzogen. Die ersten drei Monate dienten als Pilotphase, in der die größte Herausforderung im Change-Management bestand. So hatten einige Mitarbeiter zunächst Vorbehalte, sie sollten nun Aufgaben des Einkaufs übernehmen. In der täglichen Praxis ließen sich diese Vorbehalte bald ausräumen. Denn statt der bislang vorherrschenden langwierigen Internetrecherche konnten die Mitarbeiter nun über elektronische Kataloge sehr schnell die benötigten Produkte auswählen. Der Bestellprozess, der zuvor als papierbehafteter Vorgang mit schriftlicher Genehmigung angelegt war, konnte über die elektronische Plattform wesentlich einfacher und zeitsparender gestaltet werden. Nicht zuletzt überzeugte auch die Tatsache, dass die Zeit von der Bestellung bis zur Lieferung deutlich verkürzt wurde.

In der Umstellungsphase musste zudem vermittelt werden, dass der elektronische Katalog vorgibt, welches Produkt bestellt werden kann, nicht etwa persönliche Vorlieben. Auch dies wurde schnell akzeptiert.

Veränderungen im Einkauf

Die ursprünglich praktizierte Beschaffung auf Lagerhaltung nach dem Prinzip „as cheap as possible" bedeutete, bei jedem Auftrag eine Suche nach den aktuell günstigsten Angeboten zu starten, was einen enormen Aufwand hervorrief. Heute werden lediglich mit jedem festen Lieferanten Jahresgespräche geführt. Ansonsten beschränkt sich die Aufgabe des Einkaufs im C-Teile-Sortiment sowie bei der indirekten Beschaffung weitgehend auf Freigabe der Bestellungen im System sowie die regelmäßige Prüfung, welche Anbieter auf der simple-system-Plattform neu hinzugekommen sind und ob es weitere Potenziale zur Einkaufsbündelung gibt.

Der ursprünglich erste Lieferant war 2012 noch kein Anbieter bei simple system. Doch Memminger-IRO konnte nach mehreren Gesprächen erreichen, dass der Geschäftspartner das Unternehmen auf dem Weg zur neuen Bestellplattform begleitete und sein Sortiment auch dort zur Verfügung stellte. Im Laufe der Jahre folgten weitere Anbieter, die vom einfachen Onboarding und der Möglichkeit, zusätzliche Kundenpotenziale zu erschließen, überzeugt werden konnten.

Für den Einkauf bedeutet diese Entlastung, dass der Beschaffung von A- und B-Produkten mehr Zeit gewidmet werden kann. Hier können angesichts des beschafften Volumens deutlich größere Beiträge zur Verbesserung der Marge und damit zu einem nachhaltigen Erfolg des Unternehmens erzielt werden.

Messbare Erfolge

Der Einstieg ins eProcurement bringt Vorteile an unterschiedlichen Stellen. In der Einführungsphase wurde die papierbehaftete Bestellanforderung (BANF) dem elektronischen Bestellprozess gegenübergestellt. *Die reine Bearbeitungszeit konnte demnach von 5 auf 2 Minuten verkürzt werden* – bei rund 100 Bestellungen pro Monat durchaus eine relevante Verbesserung.

Ein weiterer Fortschritt ist die Reduzierung von Lagerbeständen, sprich: es wird weniger Kapital gebunden. Wo früher ein Raum von mehr als 25 Quadratmetern allein mit Tonerkartuschen und anderen Materialien gefüllt war, lassen sich die

Vorräte heute in einem einzigen Schrank unterbringen. Da der gesamte Bestell- und Lieferprozess hoch optimiert ist, kann nach Bedarf bestellt werden, ohne dass man Versorgungsengpässe befürchten muss.

Ein weiterer wichtiger Aspekt: die elektronische Beschaffung zielt ebenfalls auf das Geschäftsmodell von Memminger-IRO ab. Die Kunden sind hauptsächlich in Asien beheimatet, dort finden sich zudem etliche Wettbewerber, die mit dem Standort auch einen Preisvorteil haben. Die Schwarzwälder Maschinenbauer haben sich jedoch einen Ruf erarbeitet, sehr schnell kundenindividuelle Lösungen entwickeln und liefern zu können. Die simple-system-Plattform bietet dazu die nötige Unterstützung, denn *das System liefert den Bedarfsträgern Live-Informationen über die Warenbestände der Lieferanten*, so dass beispielsweise Elektronik-Teile dort bestellt werden, wo ausreichende Mengen schnell geliefert werden können.

Nicht zuletzt markiert die Einführung von simple system auch den Start in die weitere Digitalisierung von Unternehmensprozessen. Die Anbindung des eProcurements an die ERP-Lösung proAlpha war eines der ersten Schnittstellenprojekte in diesem Bereich. Aufbauend auf den dabei gewonnenen Erfahrungen folgten inzwischen weitere. In der Beschaffung besteht derzeit allerdings kein Bedarf für zusätzliche Digitalisierungsschritte. Von eher untergeordneter Bedeutung, aber inzwischen auch ein Thema ist die Einsparung von Ressourcen. Während früher zum Jahreswechsel riesige Stapel unterschiedlicher gedruckter Kataloge im Unternehmen verteilt wurden, sind heute nur noch digitale Produktverzeichnisse im Einsatz. *So wurde buchstäblich zentnerweise Papier durch die Nutzung von elektronischen Katalogen oder OCI-Schnittstellen (Open Catalog Interface) ersetzt.*

Fazit

Die Einführung der simple-system-Plattform bei Memminger-IRO gestaltete sich relativ problemlos. Einfache Anwendung und geringerer Aufwand bei den Bestellungen überzeugten sowohl Anwender als auch Einkäufer. Auch die genutzten Lieferanten folgten ihrem Kunden zu simple system, da sie ihre Kataloge ohne großen Aufwand zur Verfügung stellen und eine große Zahl potenzieller neuer Kunden adressieren können. *So wuchs die Abdeckung von indirekter Beschaffung und C-Teilen über simple system auf einen Anteil von rund 65 Prozent.*

Die Einkaufsabteilung kann sich seither wieder mehr ihren strategischen Aufgaben widmen, um im Bereich der Serienprodukte bessere Konditionen zu erreichen, die einen deutlichen Beitrag zum Geschäftserfolg leisten. Schnellere Lieferungen im Bereich der Entwicklung unterstützen das Geschäftsmodell, geringere Lagerhaltung und besseres Controlling tragen zu besseren Effizienzwerten bei. Der Blick auf den Return on Invest (RoI) fällt für die Geschäftsführung von Memminger-IRO eindeutig aus: *Der Einstieg ins eProcurement hat sich auf jeden Fall gelohnt, sogar die Entwicklungskosten der ERP-Schnittstelle seien angesichts der Vorteile „vernachlässigbar".*

3. Ganzheitliche Lieferantenintegration mittels CPS®miLOGISTICS

(Pia Schmitt und Stephanie Boss)

3.1 Überblick

Unternehmen stehen angesichts von Industrie 4.0 und Digitalisierung vor sich extrem verändernden Märkten und müssen sich gestiegenen Kundenerwartungen sowie einem steigenden Wettbewerbsdruck stellen. Kunden verlangen stets nach innovativen und intelligenten Produkten, häufig auch in Losgröße 1. Hinzu kommt, dass die Vielfalt der Bedarfe in der Produktion, Logistik und Materialwirtschaft quasi keine Grenzen kennt: Sie reichen von klassischer Verbindungs- und Befestigungstechnik, DIN- und Normteilen über Hilfs- und Betriebsstoffe wie persönliche Schutzausrüstung und chemisch-technische Produkte bis hin zu Sonderteilen nach Zeichnung und auch herstellergebundenen Teilen wie Hydraulikverschraubungen, Pneumatik, Elektroteile, Schellen, Dichtungen, Verpackungsmaterial und Werkzeuge. Die Herausforderung dabei ist, eine Fülle an Bestellungen, Warenein- und -ausgängen sowie die Rechnungsabwicklung und Stammdatenverwaltung zu koordinieren und dabei auf verschiedenste Ansprechpartner bei unzähligen Lieferanten zuzugehen. Wie kann es gelingen, diesen Beschaffungsaufwand zu senken? Eine ganzheitliche Lieferantenintegration kann ein möglicher Weg sein, um erfolgreich die bestehenden Herausforderungen effektiv zu meistern. Mit der Strategie, alle Lieferanten in die Unternehmensstruktur sowie Prozesslandschaft einzubinden und zu bündeln, können alle benötigten A-, B- und C-Teile innerhalb der Supply Chain abgewickelt werden. Wenn Unternehmen eine Lieferantenintegration konsequent umsetzen, können sich erhebliche Chancen in Bezug auf Kostensenkungen, Zeiteinsparungen und Prozessoptimierungen ergeben. Zusätzlich schaffen zwischen den Unternehmen geteilte Informationen und Daten Transparenz über die Verbräuche, Bestände und die Lieferkette.

3.2 Ein System für alle Lieferanten

Viele Dienstleister bieten ganzheitliche Konzepte an. Im nachfolgenden Fall möchten wir das Konzept der Firma Würth Industrie Service GmbH & Co. KG mit CPS®miLOGISTICS vorstellen, eine Lösung, um eine ganzheitliche Lieferantenintegration zu realisieren, wie sie von vielen mittelständischen Unternehmen bereits erfolgreich praktiziert wird. Die Basis dabei bildet das breite und tiefe

Industriesortiment aus über 1.100.000 Artikeln des Dienstleisters. Neben Standard- und Sonderteilen werden auch externe-fremde Artikel (nicht im Sortiment des Dienstleisters) in das C-Teile-Management integriert und in die effiziente Kanban-Belieferung aufgenommen. Das Konzept ermöglicht es Industriekunden also, in einer einheitlichen C-Teile-Management-Lösung verschiedene Lieferanten zusammenzufassen und gleichzeitig den Service des Dienstleisters auch für Artikel und Produktgruppen außerhalb des Sortiments zu nutzen. Für die Anwender bedeutet das einen deutlich geringeren Aufwand bei der Beschaffung und der Lieferantenverwaltung sowie einen ganzheitlichen Service für alle Artikel. Mit dem Ziel, die Lieferantenzahl zu reduzieren, Ressourcen freizusetzen und Lagerkapazitäten zu sparen, wählen die Anwender je nach individuellem Bedarf eine der drei Möglichkeiten – CPS®miSTOCK (Lagerabwicklung und Lieferantenintegration durch den Dienstleister), CPS®miDROPSHIP (Lieferantenintegration über Streckenabwicklung im Kanban-System) und CPS®miSELF (Eigenständige Verwaltung von Produkten und Lieferanten im Kanban-System) – für ihre Supply Chain. Gleichzeitig profitieren die Kunden von modernster Technologie für ihr C-Teile-Management und einer digitalisierten Wertschöpfungskette für alle Zulieferer. Das vereinfacht den Informationsfluss zwischen den unterschiedlichen Bereichen im Unternehmen, schafft Transparenz über Hersteller und Lieferanten und sorgt somit für mehr Produktivität.

Abbildung 21: CPS®miLOGISTICS – Ein System für alle Lieferanten.

3.2.1 Komplette Verwaltung und Bevorratung per CPS®miSTOCK

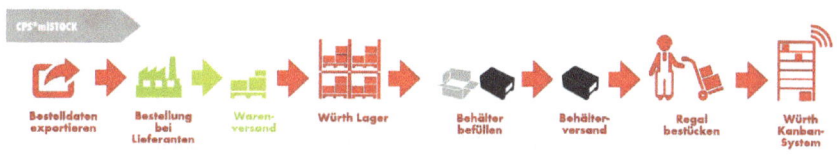

Abbildung 22: CPS®miSTOCK – Lagerabwicklung und Lieferantenintegration.

Über die Lösung CPS®miSTOCK bevorratet der Dienstleister die Ware des individuellen Lieferanten der Kunden im eigenen Logistikzentrum. Die Auslieferung erfolgt just in time über das Kanban-System des Dienstleisters. Auf diese Weise sorgt das Unternehmen für eine maximale Versorgungssicherheit auch für Artikel, die lange Lieferzeiten haben und daher bislang vom Kunden selbst entsprechend vorgehalten werden mussten. Das reduziert kundenseitig den Lagerbestand sowie die Kapitalbindung und sorgt nicht zuletzt für Platzersparnis im eigenen Lager.

Vorteile

- Integration weiterer Produkte in bestehende Prozesse
- Maximale Versorgungssicherheit und verlässliche Lieferzeiten
- Bestandsreduzierung und Platzersparnis im eigenen Lager
- Reduzierung der Kapitalbindung
- Reduzierung der zu verwaltenden Lieferanten
- Vermeidung von Produktionsausfällen
- Freistellung von Kapazitäten in der gesamten Wertschöpfungskette

3.2.2 CPS®miDROPSHIP:
Lieferantenintegration über Streckenabwicklung im Kanban-System

Im Rahmen von CPS®miDROPSHIP bindet der Dienstleister weitere, vom Kunden definierte Lieferanten über eine Streckenabwicklung in das eigene Kanban-System ein, die vorab für die Prozesse entsprechend qualifiziert werden. Die Partnerlieferanten befüllen und etikettieren die Kanban-Behälter im Auftrag des Dienstleisters in ihrem eigenen Lager und schicken diese direkt an den Kunden. Den Befüll-Service in die Regale vor Ort übernimmt dann wieder der Dienstleister. Die Kunden profitieren somit durch die automatisierte Disposition und Bestandsverwaltung und können gleichzeitig ihre individuellen Wunsch-Artikel in das Kanban-System integrieren.

Abbildung 23: CPS®miDROPSHIP – Lieferantenintegration
über Streckenabwicklung im Kanban-System.

Vorteile

- Integration weiterer Produkte in bestehende Prozesse
- Automatisierte Disposition und Bestandsverwaltung
- Reduzierung von Kapitalbindung und Lagerplatzbedarf
- Umfassende Logistikdienstleistung
- Lieferantenreduzierung und einheitliche Rechnungsstellung
- Vermeidung von Produktionsausfällen
- Freistellung von Kapazitäten in der gesamten Wertschöpfungskette

3.2.3 CPS®miSELF: Eigenständige Verwaltung von Produkten und Lieferanten im Kanban-System

Die Basis für CPS®miSELF ist das RFID-Kanban-System von Würth Industrie Service, in das beliebige Artikel und Lieferanten eigenständig aufgenommen werden können. Dabei sind nicht nur C-Teile möglich, sondern auch A- und B-Teile, für die zumeist andere Einkaufsprozesse gelten. Über die RFID-Technologie reagieren Kunden frühzeitig auf Bedarfsschwankungen und können die Warenflüsse zielgenau steuern. Der Aufwand für das Einrichten in bestehende Prozesse ist gering, sorgt aber direkt für mehr Produktivität. Bei CPS®miSELF nutzt der Anwender dabei das System und die dazugehörige Hardware wie Behälter, Etiketten und Regale. Das Kanban-System meldet digital die Bedarfe für sämtliche Artikel und stellt die entsprechenden Daten bereit. Anschließend löst der Kunde selbst die Bestellung der benötigten Produkte beim Lieferanten seiner Wahl aus. Je nach Anforderung bietet der Dienstleister die Bereitstellung der reinen Behälterinformationen über die Stammdatenverwaltung bis hin zur Schnittstellenanbindung mit zusätzlich automatisierter Disposition.

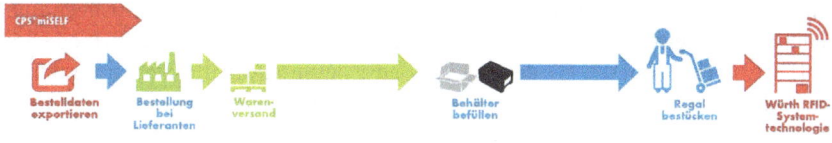

Abbildung 24: CPS®miSELF – Eigenständige Verwaltung von Produkten und Lieferanten im Kanban-System.

Vorteile

- Integration Dienstleister-fremder Produkte und Warengruppen
- Nutzung der innovativen Würth Systemtechnologie, z. B. CPS®RFID, für weitere Lieferanten und Produkte
- Maximale Bestandsreduzierung und Flächenausnutzung
- Einfache, automatisierte Bedarfsermittlung und Nachdisposition
- Unveränderte Einkaufskonditionen
- Ganzheitliches Datenmanagement
- Vielfältige Möglichkeiten der Integration in die eigene Prozesslandschaft

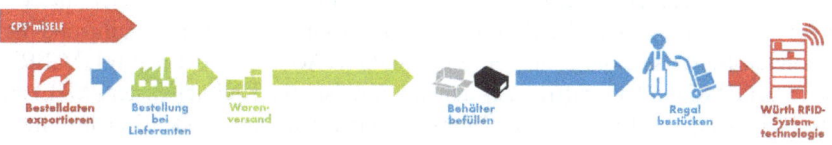

Abbildung 25: CPS®miSELF – Eigenständige Verwaltung von Produkten und Lieferanten im Kanban-System bei LMC.

3.3 Praxisbeispiel: CPS®miSELF bei LMC Caravan GmbH & Co. KG im Einsatz

In ihrem Kerngeschäft als Wohnwagen- und Wohnmobilhersteller fertigt LMC Caravan GmbH & Co. KG als Teil der Erwin Hymer Group am Standort Sassenberg hochwertige Wohnwagen und Wohnmobile für den europäischen Markt. Zur eigenständigen Verwaltung von Produkten und Lieferanten im Kanban-System setzt das Unternehmen bereits seit 2016 auf die Ausprägungsform CPS®miSELF. Dabei nutzt der Anwender das System und die dazugehörige Hardware wie Behälter, Etiketten, RFID-Systeme sowie Regale. Zur sicheren Lagerung und Transport sowie zur komfortablen Entnahme der Ware nutzt LMC den patentierten Kanban-Behälter des Dienstleisters inklusive eigener Prägung. Dieser ist im Standard mit einem RFID-Transponder ausgestattet. Dabei ist jeder Transponder über eine eindeutige Nummer zur Datensicherheit identifizierbar. Über die verschiedenen RFID-Systeme kann die ID der Behälter ausgelesen und zur Datenübertragung im Falle von CPS®miSELF an das eigens entwickelte Kommissionier-Cockpit, die CPS®miSELF-Softwarelösung des Dienstleisters, übertragen werden. Die komfortable Web-Plattform ermöglicht den Kunden, Stammdaten ganz einfach zu verwalten. So können nicht nur Behälter, sondern auch Artikel sowie Lagerorte angelegt werden. Auch Informationen wie Artikelnummer, Füllmenge, Status und Datum der Leermeldungen werden im System für eine maximale Datentransparenz erfasst. Zur Bedarfsmeldung finden bei LMC verschiedene RFID-Lösungen Verwendung. So beispielsweise die sogenannte iTAGBOX® zum Melden der Bedarfe von Behältern. Durch Hinhalten eines RFID-Transponders vom Leerbehälter an die intelligente iTAGBOX® wird eine sofortige Datenübermittlung ausgelöst. Die LED-Leisten signalisieren eine erfolgreiche RFID-Lesung. Das Kanban-System meldet digital die Bedarfe für sämtliche Artikel und stellt die entsprechenden Daten im Kommissionier-Cockpit bereit. Auch der iPLACER® kommt als zusätzliches Bestandsverwaltungssystem bei LMC zum Einsatz. Als handliches, batteriebetriebenes Modul mit integrierter Lese-Sendeeinheit und durch seine kompakte Form ist er einfach und variabel anzubringen. Das RFID-Modul dient deshalb zur Bedarfserfassung am Arbeitsplatz, Durchlaufregal und an jedem weiteren beliebigen Bedarfsort in der Produktion, in der Montage, in der Logistik und Intralogistik. Die Leerbehälter werden durch das Vorbeiführen mit Hilfe des am Behälter standardisiert angebrachten RFID-Tags durch den iPLACER® erfasst. Auch hier erfolgt die Übertragung in das Kommissionier-Cockpit automatisiert. Aufgrund der erfolgten Bedarfsmeldung, ausgelöst durch die iTAGBOX® oder den iPLACER®, wird bei LMC ein Fahrauftrag aus dem automatisierten Kleinteilelager (AKL) an die hierfür explizit eingerichteten Kommissionierplätze angestoßen und die eingelagerte Ware ausgebucht. An den Kommissionierplätzen, die an eine Fördertechnik angebunden sind, befüllen die LMC-Logistikmitarbeitenden die Leerbehälter mit einer bestimmten Artikelmenge. Sämtliche Informationen über Artikelmenge, Behälter-Typ und Lagerort kann der Mitarbeitende direkt aus dem Kommissionier-Cockpit entnehmen. Außerdem erfolgt im Rahmen der Kommissionierung die sogenannte „Verheiratung". Dabei braucht der Mitarbeitende lediglich den Code des Behälters am Kommissionerplatz zu scannen und beim jeweiligen Artikel im System zu hinterlegen. Anschließend kann mithilfe eines Etikettendruckers, der vom Dienstleister zur Verfügung gestellt wird, das jeweilige Etikett vor Ort gedruckt werden. Die Regale bei LMC werden von den Mitarbeitenden anschließend selbst bestückt. Auch die Bestellung der benötigten Produkte löst LMC aufgrund der eigegangenen Bedarfsmeldung selbst beim Lieferanten seiner Wahl aus. Damit nutzt LMC die vielfältigen Möglichkeiten der Lieferantenintegration in die eigene Prozesslandschaft optimal aus.

3.3 Praxisbeispiel: CPS®miSELF bei LMC Caravan GmbH & Co. KG im Einsatz

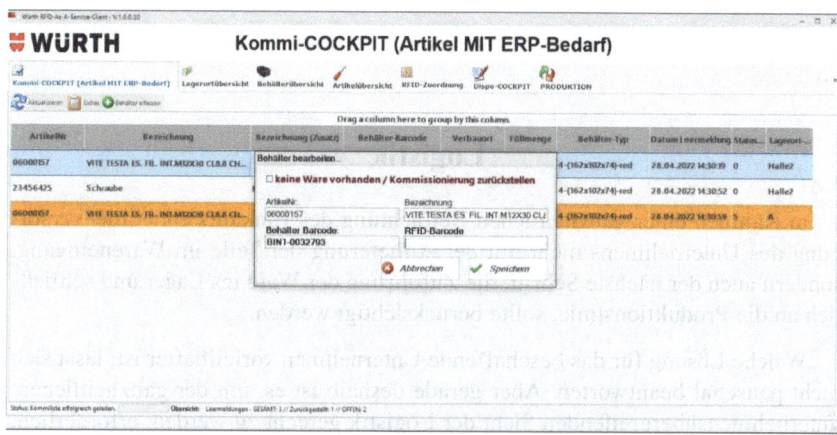

Abbildung 26: Screenshot des eigens entwickelten Kommissionier-Cockpits, die CPS®miSELF-Softwarelösung der Würth Industrie Service zur Stammdatenverwaltung und Bedarfserfassung.

Logistik

Im Rahmen einer ganzheitlichen Betrachtung des Einkaufs endet die Versorgung des Unternehmens nicht mit der Anlieferung der Teile im Wareneingang, sondern auch der nächste Schritt, die Zuführung der Ware ins Lager und schließlich an die Produktionslinie, sollte berücksichtigt werden.

„Welche Lösung für das beschaffende Unternehmen vorteilhafter ist, lässt sich nicht pauschal beantworten. Aber gerade deshalb ist es, um der ganzheitlichen, unternehmensübergreifenden Sicht der Logistik gerecht zu werden, erforderlich, im Rahmen von Einkaufsverhandlungen mit Lieferanten die gemeinsamen Anforderungen an die Logistik sowie deren Gestaltungsmöglichkeiten zu betrachten. Ziel ist es, eine Lösung zu finden, die unter Berücksichtigung der Ziele und Möglichkeiten des Lieferanten und des Abnehmers zu einer für den (End-)Abnehmer optimalen Lösung führt. Etwas weniger abstrakt formuliert heißt das, dass im Gespräch mit Lieferanten, insbesondere wenn eine eher partnerschaftliche Lieferantenbeziehung angestrebt wird, gemeinsam nach einer Lösung für die beste Gestaltung der Logistikprozesse gesucht wird. Beispielsweise werden

- die Netzwerkgestaltung (Standorte, Aufgabenverteilung, ...),
- die Transportmittel (Flugzeug, Schiff, Bahn, LKW, ...),
- die Transporthilfsmittel (Container, Euro-Palette, Behälter ...),
- die Verpackung (Einweg, Mehrweg, ...),
- die Identifikationstechnik (Barcode, RFID, ...) und
- weitere Aspekte ...

thematisiert.

Zusätzliche Gestaltungsoptionen beziehen sich z. B. auf das Einbinden von Dienstleistern, die Übernahme der Verantwortung für Teilaufgaben und die Kostenzuordnung. Bei dieser Darstellung wird davon ausgegangen, dass die Nutzung dieser Gestaltungsoptionen Verbesserungen ermöglicht, die den Planungsaufwand rechtfertigen. Tendenziell dürfte dies bei langfristig angelegten Lieferantenbeziehungen und A-Artikeln interessant sein." (Lorenzen/Krokowski – Einkauf, Springer/Gabler Verlag 2017).

Nachfolgend werden einige Best-Practice-Lösungen vorgestellt.

4. Digitale Versorgungssysteme für optimierte Beschaffungsvorgänge

(Christian Schorndorfer)

4.1 Automaten als Versorgungssysteme

4.1.1 Überblick

Bei automatenbasierten Lagerhaltungs-, Nachschub- und Bestellsystemen stellt der C-Teile-Dienstleister dem Kunden vor Ort Ausgabeautomaten zur Verfügung, in denen die C-Teile gelagert werden. Diese Automaten stehen bedarfsentsprechend in der Nähe der Verbrauchsstellen in der Fertigung des Kunden und ermöglichen somit den direkten Artikelzugriff; und zwar rund um die Uhr und an 365 Tagen im Jahr.

Die softwaregestützte Lagerbewirtschaftung und Nachdisposition erfolgt per DFÜ, d. h. über eine direkte Online-Verbindung mit dem Warenwirtschaftssystem des C-Teile-Dienstleisters.

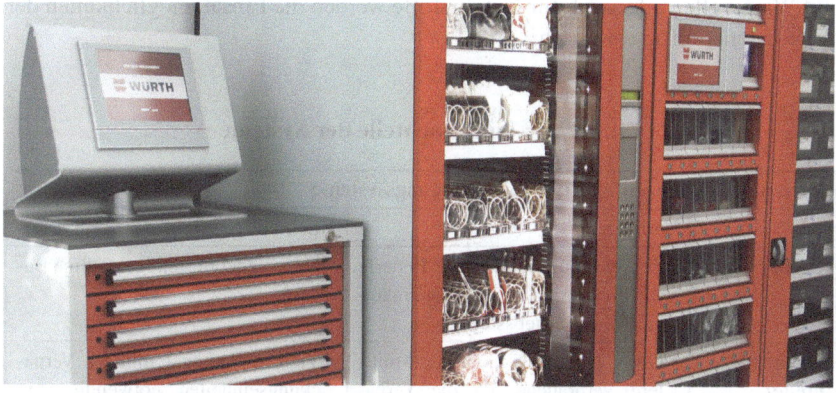

Abbildung 27: Automatenversorgung für das C-Teile-Management.

Automaten stellen ein autarkes System für die Lagerung und Ausgabe von C-Teilen dar. Dazu werden die Artikel im Automaten sicher und verschlossen direkt in der Fertigung gelagert. Das einfache Entnehmen der C-Teile erfolgt über die direkte Ausgabe, ähnlich einem Getränke- oder Snackautomaten. Entnimmt der Bedarfsträger mit entsprechender Zugriffsberechtigung (z. B. mittels RFID-Chip-Karte) die Ware aus dem Automaten, wird beim C-Teile-Dienstleister automatisch eine Bestellung ausgelöst. Dabei kann das System so eingestellt sein, dass der C-Teile-Dienstleister tatsächlich unmittelbar nach der Entnahme die Bestellung erhält, oder aber, dass die Entnahmen „gesammelt" werden und die Daten dazu in festen Intervallen an den C-Teile-Dienstleister übermittelt werden. Die Anlieferung der Ware und die Bestückung des Automaten erfolgen im Normalfall durch den C-Teile-Dienstleister selbst oder durch einen Subunternehmer. Die Lieferfristen liegen dabei in der Regel bei wenigen Tagen, oft sogar auch innerhalb von 24 Stunden. In manchen Fällen werden auch feste Termine oder spezielle Wochentage für die Lieferung vereinbart. Die Abrechnung der Entnahmen erfolgt mit einer Sammelrechnung, die in einer mit dem Kunden vereinbarten Frequenz erstellt wird.

Der Kunde wird bei dem automatenbezogenen C-Teile-Management weitestgehend von allen Abwicklungsaufgaben und Beschaffungsprozessen entlastet. Er braucht nur die benötigten Teile zum Bedarfszeitpunkt zu entnehmen. Allerdings wird dieser Vorteil z. T. mit Investitionen erkauft, welche der C-Teile-Dienstleister den Unternehmen weiterverrechnet. Entscheidend ist letztendlich, welche Einsparungen die Investition ermöglicht, beispielsweise bei den Personalkosten. So können beispielsweise Zwei- und Dreischichtbetriebe durch die Automaten oft komplette Schichtbesetzungen bei der Materialausgabe einsparen.

Die Automaten können sowohl für C-Teile für die Produktion als auch für die Lagerung von Hilfs- und Betriebsstoffen eingesetzt werden. Allerdings schränken gerade bei den Hilfs- und Betriebsstoffen Volumen- und Größenbegrenzungen die Einsatzmöglichkeit der Automaten deutlich ein. Neuere Automaten-Entwicklungen mit Wiegezellen oder auch für Gefahrstoffe werden die Einsatzmöglichkeiten der Automaten künftig erweitern.

4.1.2 Vor- und Nachteile der Systeme

Automaten-Lösungen/Automaten-Versorgungssysteme		
	Vorteile	Nachteile
Bedarf	• Geeignet für regelmäßige Bedarfe der Produktion und für regelmäßige Hilfs-/Betriebsstoffe	• Ungeeignet für unregelmäßige Bedarfe
Sortimentsbreite/ Verbräuche	• Gut geeignet für kleine und mittlere Verbräuche, da die Verpackungseinheiten ebenfalls kleine und mittlere Mengen abdecken	• Viele kleine und mittlere Verpackungseinheiten notwendig, um große Verbräuche abzudecken
	• Gut geeignet für überschaubare, kleine bis mittlere Sortimentsbreiten mit weniger als 1.000 Artikeln	• Nicht geeignet für große Sortimentsbreiten, da nur eine überschaubare Anzahl von Lagerplätzen zur Verfügung steht
		• Nicht geeignet für Einzelstückentnahme

Automaten-Lösungen/Automaten-Versorgungssysteme		
	Vorteile	Nachteile
Artikelmix	• Lagerware kann ohne Probleme abgebildet werden	• Fremdteile können ggf. nur durch eine zusätzliche EDV-Anbindung der Vorlieferanten abgebildet werden
	• Sonderteile sind unter diversen Voraussetzungen abbildbar	
Fertigungsstruktur	• Für Einzel- und Kleinserienfertiger mit geringen Sortimentsbreiten und mit kleinen und regelmäßigen Verbräuchen	• Nicht geeignet für die Produktion bei Großserien und Massenherstellern
	• Geeignet für Instandhaltung sowie bei Hilfs- und Betriebsstoffe von Groß- und Massenherstellern	
Einkaufsstruktur	• Mitarbeiter können die Ware dezentral selbst per PIN-Code oder RFID-Card entnehmen, Nachbestellungen erfolgen automatisch	• Buchungen im Kunden-ERP auf Lagerort/-platz/Mitarbeiterebene nur bedingt möglich beziehungsweise aufwändig
	• Zentral besteht Preisübersicht und Nachverfolgbarkeit der benötigten Artikel und Verbräuche auf Kostenstellenebene und für den Einkauf	
Prozesseinsparung	• Bis zu 88 %	• Aufwändige Anbindung der Sonder- und Fremdteile
	• Einsparungen durch übersichtliche Lagerhaltung sowie Ordnung und Sauberkeit	• Zugriffsberechtigung oder Karte muss vor einer Entnahme eingegeben werden (manueller Aufwand)
	• Vermeidung von Fehlmengen und Überbeständen	• Ggf. zusätzliche Administration und Systempflege durch den Kunden nötig
	• Bestandsoptimierung durch Nachbestellung erst im Bedarfsfall	
	• Bestellung direkt aus der Fertigung zum C-Teile-Dienstleister	
	• Einkaufs-, Logistik- und Verwaltungsprozesse werden optimiert	
	• Personalentlastung im Magazin/in der Materialausgabe	

Automaten-Lösungen/Automaten-Versorgungssysteme		
	Vorteile	Nachteile
Lagerplatz	• Keine offene Lagerung der Artikel	• Automatenlagerung nicht beliebig erweiterbar und systembedingt in der Regel begrenzt auf eine maximale Anzahl von 80 verschiedenen Artikeln pro Modul
	• Mittlerer Platzbedarf in der Produktion von maximal 90 cm Automatentiefe	• Bereits vorhandene Regal- und Lagersysteme können nicht verwendet werden
		• Begrenzte(s) Fächergrößen/-volumen
Statistiken/ Auswertungen	• Informationsbereitstellung zu gelagerten Artikeln und diversen Bestelltätigkeiten	• Nicht alle Bestellinformationen abrufbar
	• Entnahme pro Kostenstelle	• Keine Bestandsübersicht oder -kontrolle im Kunden-ERP-System
	• Monitoring und Budgetverwaltung	• Keine Informationen über Rückstände
Service vor Ort	• Kostenloses Planen, Einrichten, Beschriften und Aufstellen der Automaten durch den C-Teile-Dienstleister	• Mögliche Abhängigkeit durch die speziellen Automaten des C-Teile-Dienstleisters
	• Einräumen der Waren ggf. durch Mitarbeiter des C-Teile-Dienstleisters möglich	• Beim Einräumen der Waren durch den C-Teile-Dienstleister ist Vertrauen gegenüber dem dafür zuständigen Mitarbeiter des C-Teile-Dienstleisters unabdingbar
Kosten/ Budget für das System	• Keine einmaligen Kosten	• Investitionskosten des C-Teile-Dienstleisters werden oft in den Artikel oder Mietpreis eingerechnet
		• Diverse interne Kundenanbindungskosten für EDV-Installationen
		• Variable Befüllungskosten werden über eine zusätzliche Verrechnung abgedeckt
		• Variable Mietkosten sind deutlich höher als beim Regal

4.1 Automaten als Versorgungssysteme

Automaten-Lösungen/Automaten-Versorgungssysteme		
	Vorteile	Nachteile
Einkaufs-volumen	• Geeignet für Unternehmen mit weniger als 50.000 € Einkaufsvolumen für C-Teile im Produktionsbereich	• Nicht geeignet für jährliche Einkaufsvolumina über 50.000 € für C-Teile im Produktionsbereich
	• Geeignet für Unternehmen mit einem Einkaufsvolumen bis zu über 500.000 € für C-Teile im Hilfs- und Betriebsstoffebereich	
Branchen	• Geeignet im Produktionsbereich für Betriebe der Elektro-, Möbel-, Landmaschinen- und Maschinenbaubranche	• Ungeeignet für Produktionsbereiche in der Automobilbranche und für Produzenten Weißer Ware
	• Geeignet im Hilfs- und Betriebsstoffebereich für alle Branchen	
Sonstiges	• Sichere Unterbringung der Ware und Schwundminderung durch spezielle Zugriffsberechtigungen	• Risiko von Belieferungsengpässen bei Systemausfall
	• Entnahmetransparenz wer, wann, welche Ware entnommen hat	• Extrem hoher Aufwand bei großen Verbräuchen einzelner Artikel
	• Ggf. Berechnung der Ware nach Entnahme	
	• Sicherheit durch festgeschriebene Preise	
	• Einfache Vertragsgestaltung	
	• Deutlicher Rückgang der Verbrauchsmengen	

4.1.3 Beschaffungsprozess

Der Beschaffungsprozess bei Automaten-Lösungen beziehungsweise Automaten-Versorgungssystemen lässt Einsparungen der Gesamtprozesskosten von bis zu 88 % zu.

In der Praxis hat sich gezeigt, dass geschätzt der weitaus größte Teil der Unternehmen, die auf eine Automaten-Lösung setzen, auch die Befüllung der Automaten auf den C-Teile-Dienstleister ausgelagert haben.

4. Digitale Versorgungssysteme für optimierte Beschaffungsvorgänge

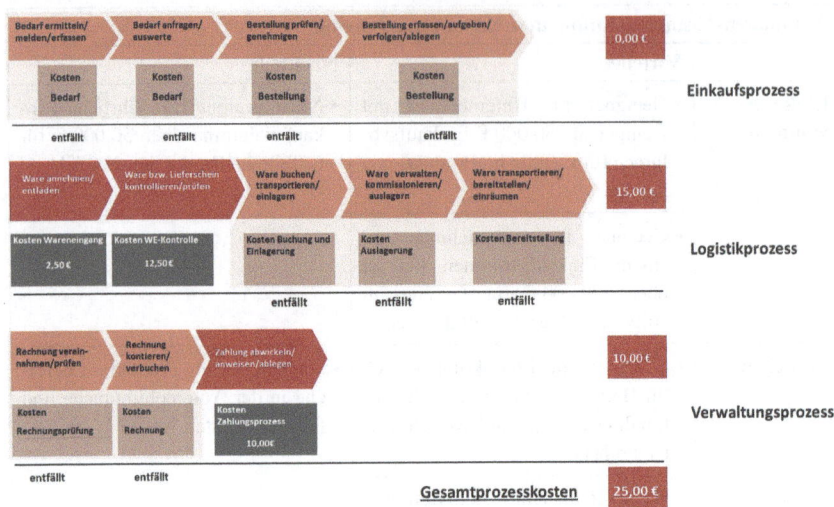

Abbildung 28: Kosten Beschaffungsprozess
von Automaten-Lösungen/Automaten-Versorgungssystemen.

Zumeist nimmt der Kunde dabei die Ware zwar an und nimmt eine Sichtkontrolle vor, um zu prüfen, ob die Ware dem Lieferschein entspricht. Anschließend lagert der Kunde diese dann aber zwischen, ehe sie vom „Befüller" des C-Teile-Dienstleisters eingeräumt wird. Die Befüllung erfolgt dabei zumeist am darauffolgenden oder noch am gleichen Tag.

4.1.4 Praxisbeispiel: Automaten- und Werkzeugdienstleistung bei der Helmut Diebold GmbH & Co.

Ausgangssituation

Die Helmut Diebold GmbH & Co. fertigt unter anderem Werkzeugaufnahmen, Spannfutter und Spindeln. Am Standort Jungingen greifen die Produktionsmitarbeiter auf insgesamt rund 700 unterschiedliche Werkzeuge und Messmittel zurück. Der Bestand wurde über eine tägliche Sichtkontrolle durch die Abteilungsleiter geprüft. Bei Bedarf lösten sie eine Bestellung über das ERP-System aus. Damit war der Beschaffungsaufwand für die zur Produktion notwendigen Zerspanungswerkzeuge und Messmittel sehr hoch. Die Produktivität des Unternehmens litt zudem unter einer fehlenden Transparenz über den real verfügbaren Werkzeugbestand. Im schlimmsten Fall fehlten benötigte Werkzeuge. Dann konnten Aufträge, die schon direkt vor der Maschine standen, nicht ausgeführt werden. Um dies zu verhindern und Ressourcen effizienter einzusetzen, entschieden sich die Verantwortlichen bei Diebold daher für die Einführung eines Werkzeugausgabesystems.

Eingeführtes C-Teile-Managementsystem

Auf Basis einer gemeinsamen Werksbegehung und Sichtung aller relevanten Werkzeuge entwickelte der C-Teile-Dienstleister Hahn+Kolb Werkzeuge GmbH gemeinsam mit Diebold ein individuell passendes System. Dabei wurde im Frühjahr 2017 für die Fräserei und Dreherei, welche räumlich und inhaltlich getrennte Standorte innerhalb der Produktion einnehmen, eine optimale Lösung mit dem Werkzeugausgabesystem HK-MAT gefunden.

Der C-Teile-Dienstleister implementierte konkret ein System, bestehend aus zwei Haupt- und vier angeschlossenen Ausgabeschränken, in denen sämtliche Zerspanungswerkzeuge und Messmittel für die beiden Produktionsbereiche gelagert werden. Der Werkzeugausgabeautomat wurde mit Artikeln unterschiedlicher Lieferanten bestückt. Sämtliche Diebold-Daten der insgesamt sechs Werkzeugschränke wurden bei der Inbetriebnahme einfach in das Werkzeugausgabesystem eingespielt.

Dies war ein großer Vorteil für Diebold, denn so läuft die Disposition zentral ab. Auch bietet das System umfassende Auswertungs- und Reporting-Funktionen. Damit sämtliche Kennzahlen des Werkzeugbestands jederzeit einsehbar sind, setzt der C-Teile-Dienstleister bei seinen Systemen auf dokumentierte Verbräuche und überwacht alle Bestände. Das verhindert einerseits eine übermäßige Ressourcenbindung durch mehrfach vorhandenes Werkzeug und sichert gleichzeitig die Ver-

Abbildung 29: Automaten- und Werkzeugdienstleistung bei der Helmut Diebold GmbH & Co. durch die Hahn+Kolb Werkzeuge GmbH (Quelle: Helmut Diebold GmbH & Co.).

fügbarkeit der benötigten Mittel in ausreichender Menge. Außerdem wird angezeigt, welche Leihgüter sich im Umlauf befinden oder bei welchen Messmitteln das Prüfdatum erreicht ist. Und auch die Häufigkeit der Entnahmen bei den Messmitteln wird erfasst. So kann entsprechend ihrem Einsatz der Kalibrierzeitraum angepasst werden. Des Weiteren kann über eine PIN das Arbeitsmittel und Werkzeug bei der Ausgabe eindeutig einem Mitarbeiter zugeordnet werden.

Einsparungen und Kundennutzen

Das Werkzeugausgabesystem senkt Kalibrierkosten und schafft durch die Vor-Ort-Verfügbarkeit der Messmittel und Werkzeuge in der jeweils richtigen Menge gleichzeitig Prozesssicherheit sowie eine Minimierung der Ausfallkosten. Darüber hinaus werden die Abläufe in der Produktion deutlich beschleunigt, da die täglichen Kontrollgänge entfallen und keine Materialsuche mehr nötig ist. Letztendlich führt der HK-MAT auch zu einer Bestandsreduzierung, da wirklich nur noch das Werkzeug in der Menge aus dem Automaten entnommen wird, in der es benötigt wird, und die Mitarbeiter bei der Entnahme ihrer Menge über die PIN „überwacht" werden. Für den Projektleiter bei Diebold ist zudem die Alltagstauglichkeit des Systems wichtig: „Unsere Mitarbeiter nehmen den HK-MAT sehr gut an. Nicht zuletzt aufgrund seiner einfachen Bedienung."

4.1.5 Praxisbeispiel: Automatenverwaltung von Prüfwerkzeugen bei der Elabo GmbH

Firmenbeschreibung

Die Elabo GmbH sieht sich als Technologieführer bei der Entwicklung und Herstellung intelligenter Arbeitsplatzsysteme als auch von Mess- und Prüftechnik. Die Produkte werden von den Kunden in Ausbildung, Forschung und Entwicklung, Produktion, Qualitätssicherung und Service eingesetzt.

Ausgangssituation

Bei Elabo selbst und auch bei Kunden werden an verschiedensten Stellen die von Elabo hergestellten Mess- und Prüfgeräte in Betrieb genommen und eingesetzt. Häufig werden für diese Arbeiten entsprechende Abgleich- oder auch Prüfadapter benötigt. Diese ermöglichen zum einen die Simulationen von Belastungsszenarien, helfen aber auch, Schnittstellen der Geräte zu bedienen. Eine zentrale Verwaltung dieser Prüfadapter gab es in der Vergangenheit aus Kostengründen nicht, und so wurden diese lediglich in einem Messmittelschrank aufbewahrt. In der Praxis kam es regelmäßig vor, dass der gerade von einem Mitarbeiter benötigte Prüfadapter nicht im Schrank war und er keinen Hinweis darauf hatte, welcher Kollege gerade damit arbeitete. Dies führte oft dazu, dass der entsprechende Adapter zeitintensiv gesucht werden musste.

Eingeführte C-Teile-Managementsystem-Lösung

Durch den Einsatz eines Ausgabeautomaten für die Aufbewahrung der Prüfadapter kann nun jederzeit nachvollzogen werden, wer aktuell welchen Prüfadapter in Gebrauch hat. Somit kann ein Mitarbeiter, der einen ausgeliehenen Adapter benötigt, sich direkt mit dem Kollegen in Verbindung setzen, der diesen zuletzt ausgeliehen hat. Eine weitere Hilfe ist, dass die Software des Ausgabeautomaten über eine Datumsverwaltung verfügt, so dass auch Adapter und Prüfmittel über das System verwaltet werden können, die einem Ablaufdatum für beispielsweise eine Kalibrierung unterliegen. Des Weiteren kann die Ausleihdauer für jeden einzelnen Automaten hinterlegt werden. Beim Überschreiten dieser Dauer wird der Benutzer automatisch informiert. Somit wird verhindert, dass sich Mitarbeiter Prüfequipment ausleihen und nicht wieder zurückbringen.

Anwendungsbezogene Vorteile des Ausgabeautomaten:

- Integrierte Prüfmittelverwaltung,
- Rückverfolgbarkeit der ausgeliehenen Komponenten und
- Terminliche Überwachung von Prüfequipment, das einer zeitlichen Begrenzung unterliegt.

Abbildung 30: Automatenverwaltung von Prüfwerkzeugen
(Quelle: ELABO GmbH).

Ausblick

Elabo hat eine umfangreiche Software entwickelt, die in verschiedenen Bereichen der Unternehmen eingesetzt werden kann, z. B. bei der Entwicklung, der Produktion und auch im Service. Die Mitarbeiter werden dann je nach Aufgabengebiet durch Messreihen, Produktionsabläufe oder auch Reparaturabläufe geführt. Dies erfolgt in der Regel über Bild- und Textanweisungen. Es können aber auch

Videosequenzen hinterlegt werden. Die nächste Entwicklungsstufe wird nun sein, dass die Elabo-Systeme sich direkt mit dem Ausgabeautomaten verbinden und diesem während des Prüfablaufs den passenden Prüfadapter bereitstellen. Somit wird auch vermieden, dass die Mitarbeiter ein falsches Messmittel einsetzen. Eine Protokollierung im System ermöglicht eine lückenlose Dokumentation aller Mess- und Prüfabläufe und bietet eine ideale Grundlage für eine sehr gute Rückverfolgbarkeit (Traceability) im Unternehmen.

4.2 RFID-Kanban-Systeme

4.2.1 Überblick

Bei einem RFID-Kanban handelt sich um die derzeit effektivste und sicherste Variante des klassischen Kanban-Systems. Seine Stärke liegt vor allem in der kontinuierlichen Überwachung, Auswertung und Optimierung der Bestandsdaten.

Entscheidend ist, dass anstelle eines Strich- oder Barcodes ein RFID-Tag ausgelesen wird. Im Kanban-System eingesetzt ist die RFID-Technik so effektiv, weil

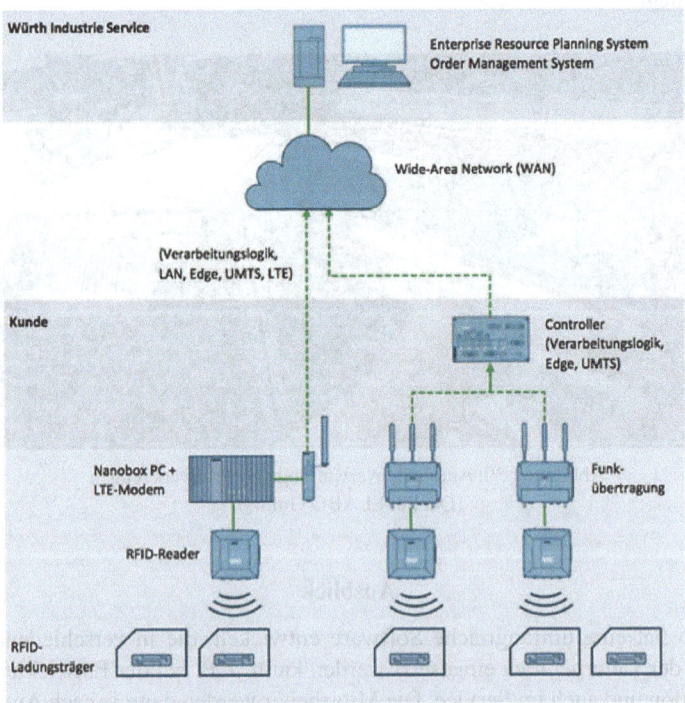

Abbildung 31: Topologie der Datenströme innerhalb des RFID-Kanbans der Würth Industrie Service (Quelle: Weinländer 2017; S. 84).

4.2 RFID-Kanban-Systeme

Zuführungen oder Entnahmen der C-Teile-Behälter in ein Regal oder aus einem Regal verlässlich, voll automatisch, in Sekundenschnelle und eindeutig, das heißt ohne Eingabefehler, identifiziert werden. Zwar ermöglicht der RFID-Tag lediglich einen Rückschluss auf die Behälterzuführung und -entnahme, nicht aber auf die tatsächlich entnommene Menge. Damit unterscheidet sich das RFID-Kanban in diesem Punkte nicht vom klassischen Kanban. Durch die ständige Überwachung der Bestände können jedoch die Behältergrößen an den kundenindividuellen Verbrauch angepasst und optimiert werden. Außerdem ist die Überwachung fortlaufend, sodass immer wieder auf sämtliche Verbrauchsveränderungen schnell und zielgerichtet reagiert werden kann.

Das *RFID-System* basiert grundsätzlich auf den drei Basiskomponenten Transponder, Lesegerät und Informationssystem. Der RFID-Tag dient dabei als Transponder, der Signale aufnimmt und automatisch beantwortet. Er besteht aus einem Mikro-Chip und einer Mini-Antenne. Für RFID-Kanban-Systeme ist auf dem Mikro-Chip jeweils die weltweit einmalige Id-Nr. des C-Teile-Behälters gespeichert. Als zweite Basiskomponente dient das RFID-Lesegerät, das den RFID-Tag via Funk ausliest. Durch einen Impuls, z. B. über einen Sensor oder einen zeitlichen Takt angeregt, setzt der Lesevorgang automatisch und berührungslos ein. Sichtkontakt ist dafür nicht nötig. Zum RFID-Kanban-System gehört außerdem das Informationssystem mit der entsprechenden Software, um die kontinuierliche Datenverarbeitung zu gewährleisten.

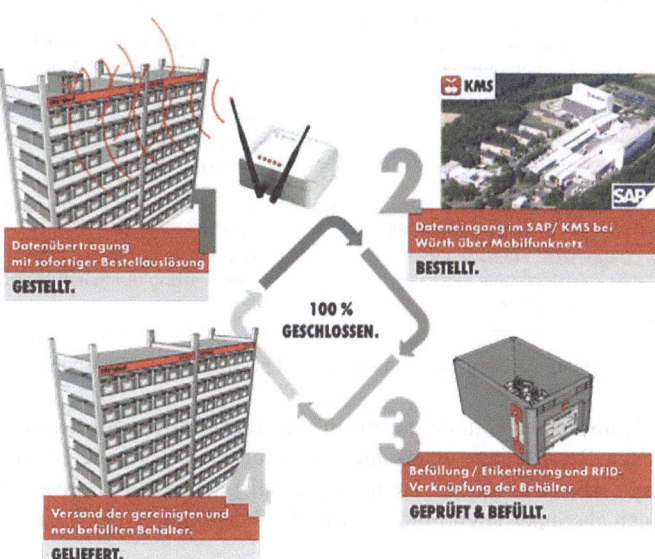

Abbildung 32: RFID-Kanban-Prozess im C-Teile-Management.

4. Digitale Versorgungssysteme für optimierte Beschaffungsvorgänge

Der RFID-Tag ist in der Regel wie ein Barcode am Kanban-Behälter aufgeklebt. Wird ein leerer Behälter aus dem Regal entnommen und in der vorgesehenen Fläche für Leerbehälter abgelegt, kommunizieren Transponder und Empfängerstation miteinander. Dabei liest das Lesegerät (dies kann z. B. ein intelligenter Regalboden oder eine intelligente Box sein) den Electronic Pro duct Code (EPC) des Tags aus und übermittelt diesen über die verbundene Middleware in das ERP-System. Daraufhin wird der zuvor definierte Prozess „Behälter leer" angestoßen, sodass dem C-Teile-Lieferanten die entsprechenden Informationen übermittelt werden und er die Ware des leeren Behälters nachliefern kann.

Grundsätzlich lassen sich zwei Arten von RFID-Tags unterscheiden – aktive und passive RFID-Transponder. Aktive Transponder haben eine eigene Energieversorgung, z. B. eine Batterie oder eine Solarzelle, um den Mikro-Chip unabhängig zu betreiben. Dadurch können Daten dezentral und selbstständig direkt auf dem RFID-Tag gespeichert werden. Indem aktive Transponder ein hochfrequentes elektromagnetisches Feld erzeugen, können sie Daten eigenständig senden und selbst eine Kommunikation anregen. Passive Transponder verfügen über keine eigene Energieversorgung, sondern entnehmen ihre Betriebsenergie aus dem Feld des Lesegeräts. Mit Hilfe dieser Energie senden die passiven Transponder ihre Id-Nr., mit der sie sich eindeutig identifizieren lassen (vgl. Tamm 2010, S. 15).

	Aktive RFID-Transponder	Passive RFID-Transponder
Vorteile	• Können Signale über vergleichsweise weite Distanzen senden (bis in den Kilometer-Bereich) • Großer Datenspeicher, um zusätzliche Informationen zu hinterlegen • Daten können überschrieben werden	• Beziehen ihre Energie aus dem Funkfeld des Lesegeräts • Nahezu unbegrenzte Lebensdauer • Wartungsfrei • Geringe Größe und Gewicht • Deutlich niedrigerer Preis als aktive RFID-Tags • Hohe Lesegeschwindigkeit • Können verdeckt oder in Material eingebettet sein
Nachteile	• Benötigen eigene Energieversorgung • Höherer Preis als passive RFID-Tags • Begrenzte Lebensdauer • Größer als passive RFID-Tags • Zugang zu Batterie/Solarzelle nötig	• Beschränkte Reichweite (zwischen 0,3 und 10 m) • Geringe Speicherkapazität • Falschlesung durch Reflexionen möglich

Abbildung 33: Vergleich von aktiven und passiven RFID-Transpondern.

RFID-Transponder können zudem in vier Betriebsfrequenzen und die damit verbundenen Reichweiten unterschieden werden: Low Frequency (LW), High Frequency (HF), Ultra High Frequency (UHF) sowie Microwave (MW), vereinzelt auch als Super High Frequency (SHF) bezeichnet (vgl. Ten Hompel et al. 2008, S. 106).

4.2 RFID-Kanban-Systeme

Frequenzen Eigenschaften	LF (125 kHz)	HF (13,56 MHz)	UHF (868 MHz)	MW (2,45 GHz)
Transponderart	passiv	aktiv und passiv	aktiv und passiv	aktiv
Transponder-bauform	Glasröhrchen, Stick, Coin, Karte, Nagelform	Label, Coin, Karte, Disc	Label, Kunststoff-gehäuse	Label, Kunststoff-gehäuse
Anwendungs-felder	Tieridentifikation	Zugangssysteme	(Lager-)Logistik, Fertigung	Fahrzeugidenti-fikation (Maut)
Energieüber-tragung	Induktive Kopp-lung mit magne-tischen Feldern (Nahfeld)	Induktive Kopp-lung mit magne-tischen Feldern (Nahfeld)	Elektromagneti-sche Kopplung mit Radiowellen	Elektromagneti-sche Kopplung mit Radiowellen
Datenspeiche-rung	Read Only und Read/Write	Fast ausschließ-lich Read/Write	Read Only und Read/Write	Fast ausschließ-lich Read/Write
Übertragungs-geschwindig-keit	4 kbit/s	26 kbit/s	40 kbit/s	320 kbit/s
Reichweite (theoretisch)	1 m	passive < 3 m aktive > 3 m	passive < 10 m aktive > 10 m	> 10 m
Bandbreite (EU)	5 kHz	14 kHz	3 MHz	9 MHz
Wellenlänge	2400 m	22 m	35 cm	12 cm
Grenzen zwi-schen Nah- und Fernfeld	382 m	3,5 m	6 cm	2 cm
Pulkerfassung	Technisch möglich, derzeit wenig realisiert	Möglich, bis zu 100 Transponder	Möglich, bis zu 500 Transponder	Möglich, bis zu 500 Transponder
Besonderheiten	Auf Metall lesbar	Durch Dielektri-kum lesbar	Reflektion an Metalloberfläche	Reflektion an Metalloberfläche

Abbildung 34: Gegenüberstellung europäischer RFID-Frequenzen und ausgewählte Eigenschaften (in Anlehnung an Gille 2010; Ten Hoempel et al. 2008, S. 106 und Weigert 2006, S. 29).

Für den Bereich der Logistik haben sich UHF-Transponder mit 868 MHz als besonders vorteilhaft erwiesen. Gründe dafür sind ihre individuelle Bauform, ihre flexible Datenspeicherung sowie ihre Übertragungsgeschwindigkeit. In diesem Zusammenhang ist auch der Begriff Electronic Product Code (EPC) zu nennen.

Der EPC ist ein übergreifender Standard, der ermöglicht, weltweit jeden einzelnen UHF-Transponder und damit auch das gekennzeichnete Produkt zu identifizieren und ein nahtloses Tracking und Tracing durchzuführen. Auf lange Sicht wird damit der EPC die allgemein bekannte EAN ablösen (vgl. Weigert 2006, S. 30).

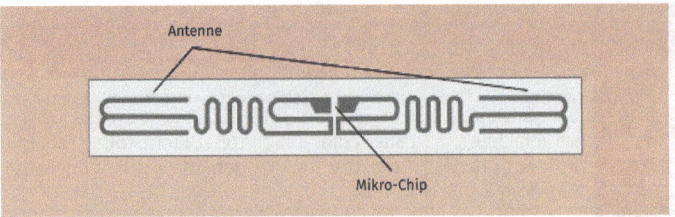

Abbildung 35: UHF-Transponder (Werksfoto: SICK AG).

Ähnlich wie bei anderen Datenträgern auch ist die Speicherkapazität der RFID-Tags in den vergangenen Jahren deutlich gestiegen. Parallel dazu haben sich die Preise für die Tags stark reduziert. Kostete ein passiver Transponder vor einigen Jahren noch einen zweistelligen Euro-Betrag, so sind es Stand 2018 gerade noch 0,02–0,35 €. Für wiederbeschreibbare aktive Transponder müssen ca. 20,00–35,00 € veranschlagt werden. Klar ist, dass die Preise weiter sinken werden und passive Tags schon bald unter 0,02 € kosten dürften.

Zu Beginn der RFID-Kanban-Systeme gab es noch Probleme mit der Empfindlichkeit der Empfängersysteme. Grund dafür war, dass sichergestellt werden musste, dass die Empfängerantenne selbst bei recht großen Kanban-Regalen alle Entnahmemöglichkeiten von vorne, von der Seite und von hinten abdeckt. Gelöst wurden die Probleme durch verhältnismäßig große Antennenflächen. Sie ermöglichen nun eine lückenlose Registrierung jeder C-Teile-Behälterzuführung oder -entnahme. In der Praxis haben sich dazu weitgehend RFID-Regalboden- und RFID-Sammelbox-Systeme durchgesetzt.

Das *Empfängersystem*, mit Technik und Software, ist bei der Systemanschaffung zunächst der größte Kostenfaktor. Er fällt jedoch nur einmalig als Fixkostenblock an. Durch die zunehmende Standardisierung der Technik und die steigende Nachfrage ist er inzwischen deutlich niedriger als zu Beginn der RFID-Kanban-Systeme im Jahr 2010. Stand 2018 muss für einen RFID-Regalboden nur noch ein geringer vierstelliger Euro-Betrag kalkuliert werden.

Das *Informationssystem* besteht im Wesentlichen aus einem Datenverarbeitungssystem, z. B. einem Computer mit passender Schnittstelle zum Empfangssystem und entsprechender Software zur Speicherung der RFID-Daten. Es bereitet diese bedarfsgerecht auf und leitet sie zur weiteren Verwendung an das vorhandene Backend-System (z. B. ERP-Systeme) weiter (vgl. Gille 2010, S. 19). Das Informationssystem kann aber auch notwendige Daten für aktive Transponder bereitstellen und deren Übertragung gewährleisten.

Nicht ganz unproblematisch beim RFID-Kanban ist die große Zahl an Eisen- und sonstigen metallhaltigen Teilen, die beim C-Teile-Management anfallen können. Denn die Metallteile können Kommunikationsprobleme zwischen den befüllten RFID-Kanban-Behältern und den RFID-Lesegeräten verursachen. Die

Leerbehältererfassung ist hingegen unproblematisch, so dass aktuelle RFID-Kanban-Systeme so ausgerichtet sind, dass befüllte Behälter einzeln und Leerbehälter sowohl einzeln (also der einzelne Tag beziehungsweise Behälter) als auch als Pulk (also alle Tags beziehungsweise die Behälter einer Palette) erfasst werden. Zukünftig sollen auch befüllte Behälter als Pulk erfasst werden können. Außerdem entwickelt sich die RFID-Technologie rasant weiter und findet stetig neue Anwendungsfelder. Gerade für Industrie 4.0 und die damit einhergehenden Logistik 4.0 ist die RFID-Technik eine unerlässliche Voraussetzung.

4.2.2 Vor- und Nachteile

	Vorteile	Nachteile
Bedarf	• Gut für regelmäßige und für unregelmäßige Bedarfe geeignet	• Keine
Sortimentsbreite/ Verbräuche	• Für Sortimentsbreiten unter 100 Artikeln mit großen Verbräuchen geeignet	• Wenig geeignet für Sortimentsbreiten unter 100 Artikeln mit kleinen und mittleren Verbräuchen
	• Für Sortimentsbreiten über 100 Artikeln für alle Verbrauchsmengen geeignet	
Artikelmix	• Lagerware, Sonderteile und Fremdteile können ohne Probleme abgebildet werden	• Keine
Fertigungsstruktur	• Geeignet für Kleinserien, Großserien und Massenhersteller	• Ungeeignet für Einzelfertiger
Einkaufsstruktur	• System funktioniert auch bei dezentralen Einkaufstrukturen, da keine manuelle Schnittstelle zum Lieferanten verbleibt	• Keine
	• Bei zentralen Einkaufstrukturen besteht Preisübersicht und Nachverfolgbarkeit der benötigten Artikel und Verbräuche für andere Abteilungen und für den Einkauf	
Prozesseinsparung	• Bis zu 95 %	• Abnahmeverpflichtung der vereinbarten Menge im vereinbarten Zeitraum
	• Benötigte Ware beim C-Teile-Dienstleister vorrätig und gelagert	
	• Bestellverantwortung wird dem Produzenten abgenommen	

	Vorteile	Nachteile
	• Automatische Auslösung des Nachschubs	
	• Kostensenkung durch reduzierte Bestände	
	• Verringerung der Durchlaufzeiten	
	• Reduzierung des logistischen Aufwands	
	• Volle Verantwortung der bedarfsgerechten Versorgung mit 100 %iger Teileverfügbarkeit beim C-Teile-Dienstleister	
	• Reduzierung der Lieferantenzahl	
	• Sammellieferschein und Monatsrechnung auf Lagerortebene	
	• Inventur kann automatisiert werden	
	• Tägliche Überwachung	
	• Bestandsbuchung und -kontrolle über RFID-Behälter möglich	
Lagerplatzbedarf vor Ort	• Verringerung des Platzbedarfs im Hochregallager	• Keine
	• Geringer Platzbedarf in der Fertigung, da durch die RFID-Datenauswertung jeweils die kleinste und optimale Behältergröße gewählt werden kann	
Statistiken/Auswertungen	• Alle Artikelinformationen und Bestelltätigkeiten sind über die EDV-Anbindung abruf und abbildbar	• Informationen werden vom C-Teile-Dienstleister aufbereitet und zur Verfügung gestellt
	• Online-Bestandsübersicht und Inventarwert wird kontinuierlich aktualisiert und ist nur mit wenigen Sekunden Verzögerung abrufbar	
	• Verfolgung der Behälter/Verpackung auf allen Wegen	
Service vor Ort	• Ein- und Ausräumen der Behälter übernimmt der C-Teile-Dienstleister	• Fremdpersonal in der Fertigung
	• Einrichten und Planen der Regale, Behälter und Lagerflächen durch den C-Teile-Dienstleister	

	Vorteile	Nachteile
Kosten/ Budget für das System	• Keine	• Einmalige Kosten liegen über 5.000 €
		• Variable Kosten liegen deutlich über anderen Systemen
		• In der Anlaufphase erhöhte Kosten durch zusätzlichen RFID-Implementierungsaufwand
Einkaufsvolumen	• Für jährliches C-Teile-Einkaufsvolumen von über 50.000 € geeignet	• Nicht geeignet für jährliche C-Teile-Einkaufsvolumen von unter 50.000 €
Branchen	• Geeignet für alle Branchen	• Keine
Sonstiges	• Fest vereinbarte Preise für bestimmten Zeitraum	• Starke Bindung an einen Lieferanten
	• Erweiterung und Umstellung des RFID-Kanban auf weitere Dienstleistungen möglich	• Komplexe Vertragsgestaltung
	• Sprachenunabhängiges System	• Ungenauigkeiten bei Sensoren und Messtechnik möglich
	• Preisverfall bei RFID-Tags, dadurch zunehmend kostengünstiger	• Übertragungsfehler bei den ermittelten Daten möglich
	• Schlüsseltechnologie für Industrie 4.0	• Ggf. störanfällig

Abbildung 36: Gegenüberstellung der Vor- und Nachteile von RFID-Kanban-Systemen.

4.2.3 Beschaffungsprozess

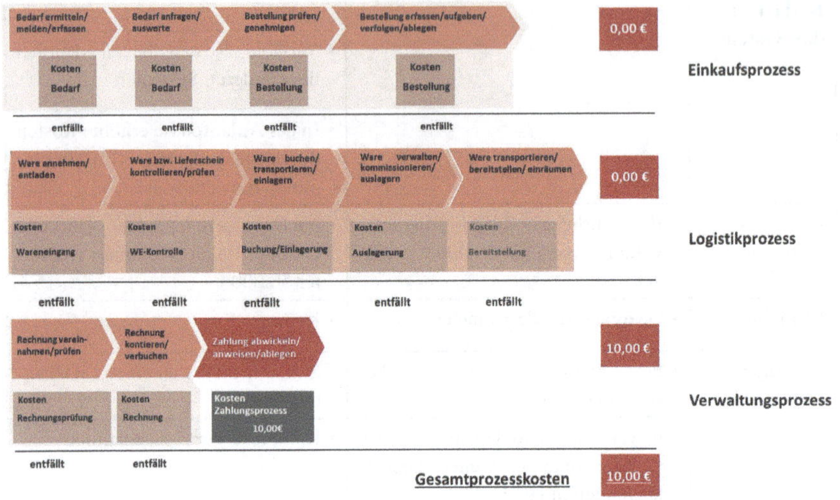

Abbildung 37: Gesamtkosten des Beschaffungsprozesses bei Einsatz eines RFID-Kanban-Systems mit „Full-Service".

Varianten der RFID-Empfängersysteme

Die C-Teile-Dienstleister setzen die RFID-Kanban-Systeme seit etwa 2010 ein. Diese haben maßgeblich zur Vereinfachung der Prozesse und Liefersicherheit beigetragen und sind damit gerade auch für produzierende Industrieunternehmen von großem Vorteil.

Zwar bauen alle C-Teile-Dienstleister ihr Know-how in diesem Bereich kontinuierlich weiter aus, sodass mittlerweile sowohl zahlreiche individuelle RFID-Systeme als auch standardisierte RFID-Modullösungen am Markt angeboten werden.

Leider zählen die RFID-Systemlösungen bei vielen C-Teile-Dienstleistern heute aber noch immer zu den „High-End"- oder „Add-On"-Lösungen. Dadurch sind die Initial- beziehungsweise Anschaffungskosten deutlich höher. Für Unternehmen ist es deshalb wichtig beziehungsweise vorteilhaft, sich bei Anbietern zu bedienen, die diese Lösungen zu ihrem Standard erklärt haben. Zu den standardisierten RFID-Modullösungen gehören heute folgende RFID-Systeme:

- Die RFID-Behälter-Box. Dies ist eine Palettenbox zur Sammlung der Leerbehälter,
- Der RFID-Regalboden für die Sammlung der Leerbehälter auf dem Kanban-Regal,

- Der elektronische RFID-Tag mit Knopf zur Bestellauslösung via Knopfdruck, z. B. bei einem Paletten-Kanban,
- Die kleine RFID-Lese-Box für die kontaktlose Bestellung,
- Der RFID-Briefkasten für die Sammlung der Leerbehälter-Etiketten und
- Das RFID-Gate zur Pulkerfassung von Leerbehältern (bei Durchfahrt).

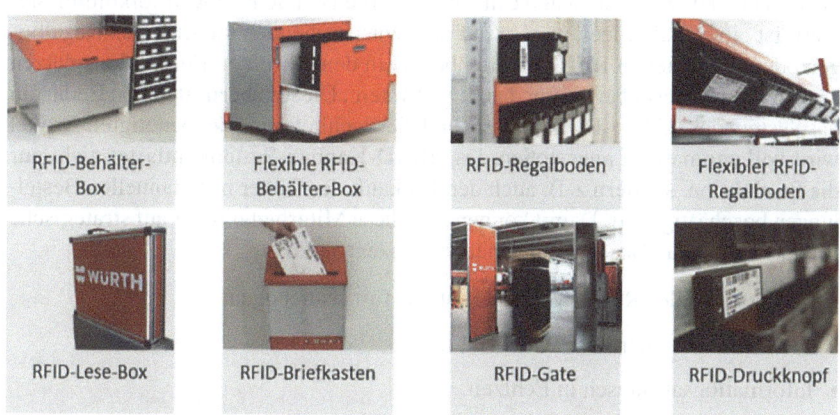

Abbildung 38: Übersicht der standardisierten RFID-Systeme.

4.2.4 Praxisbeispiel: RFID-Full-Service-Kanban bei der Sennebogen Maschinenfabrik GmbH

Firmenbeschreibung und Ausgangssituation

Die Sennebogen Maschinenfabrik GmbH in Straubing wurde 1952 gegründet und konzentrierte sich zunächst auf die Entwicklung und Produktion von Maschinen für die Landwirtschaft. Heute entwickelt und produziert Sennebogen komplette Modellreihen für Seilbagger, Raupen-, Tele- und Hafenkrane, Umschlagbagger und Teleskoplader sowie Trägergeräte. Neben flexiblen Seriengeräten konzipiert Sennebogen auch kundenindividuelle Sonder- und Spezialmaschinen. Sowohl bei seinen Produkten als auch in der Produktion legt Sennebogen viel Wert auf höchste Qualität, Präzision, Beständigkeit und Sicherheit. Sennebogen verbaut jährlich mehrere Tonnen Verschraubungen und legt bei diesen Teilen hohen Wert auf absolute Liefergenauigkeit.

Eingeführtes C-Teile-Managementsystem

Das bei Sennebogen eingesetzte, innovative Kanban-System sorgt mit Hilfe der RFID-Technologie direkt an den einzelnen Produktionsplätzen für eine Bestellauslösung. Die bestehenden Prozesse konnten bei der Einführung des neuen Systems beibehalten werden, lediglich die Regale (Standard-Fachbodenregale für die klassische Kanban-Abwicklung) haben die Servicemitarbeiter des C-Teile-Dienstleisters umgerüstet. Die Schrauben und Einzelteile werden bei Sennebogen vorkommissioniert. Ist ein Behälter leer, wird er auf dem entsprechenden intelligenten Regalbogen oder in speziellen RFID-Palettenboxen an den einzelnen Produktionsplätzen abgestellt, den Rest übernimmt das EDV-System. Dieses übermittelt den Bedarf in das System des C-Teile-Dienstleisters und die Nachlieferung der benötigten Artikel wird vollautomatisch angestoßen. Das RFID-Kanban-System entlastet nicht nur die Produktion, sondern z. B. auch den Einkauf, der früher mit manuellen Bestellungen beschäftigt war. Damit können sich diese Mitarbeiter mehr auf strategische Projekte und neue Beschaffungsmärkte konzentrieren.

Die Vorteile des RFID-Kanban-Systems für Sennebogen:

- Zielgenaues Steuern der Warenflüsse,
- Informationsaustausch in Echtzeit,
- Permanente, simple Bestell- und Datenübertragung,
- Automatisierte Nachbestellungen,
- Verzicht auf manuelle Datenerfassung,
- Größtmögliche Entlastung der Mitarbeiter/-innen in den Abteilungen Einkauf, Disposition und Beschaffung,
- Verbessertes Lager- und Bestandsmanagement,
- Frühzeitiges Erkennen von Bedarfsschwankungen und -spitzen,
- Kein zusätzlicher Platzbedarf und
- Keine Schulungen von Mitarbeitern/-innen notwendig.

RFID-Gate-Technologie

Unter dem Begriff RFID-Gate ist ein Tor-Sensoren-System zu verstehen, das aus zwei fest im Boden installierten Seitenwänden besteht. In diesen befinden sich RFID-Empfängerantennen, die die Aufgabe haben, die RFID-Transponder, die durch den Erfassungsbereich hindurchgeschleust werden, zu erkennen.

Grundsätzlich verläuft der RFID-gesteuerte Regelkreis mit Gate-Technologie ähnlich wie im bereits beschriebenen RFID-Versorgungsprinzip. Der entscheidende Unterschied besteht allerdings in der Ablage der leeren Kanban-Behälter. Diese werden kurzzeitig in einem lagerortnahen Pufferbereich (z. B. einem Behälterrückführregal oder -sammelwagen) abgelegt und erst danach gesammelt zurück in ein zentrales Lager oder zurück zum Wareneingang/-ausgang transportiert.

Dabei passieren die Leerbehälter das RFID-Gate und werden im Pulk von dessen Lesegerät erfasst. Die Daten werden danach annähernd in Echtzeit an den C-Teile-Dienstleister übermittelt. Die leeren Kanban-Behälter, die das RFID-Gate durchlaufen haben, werden anschließend an einer zentralen Sammelstelle „hinter" dem RFID-Gate gebündelt gelagert, danach auf Paletten gestapelt und an den C-Teile-Dienstleister zurückgesendet.

Der C-Teile-Dienstleister wiederum reinigt die zurückgesendeten Behälter, kommissioniert sie, versieht sie mit den entsprechenden Wechseletiketten und schickt sie anschließend an den Kunden zurück. Damit schließt sich der Kanban-Regelkreis. Einer der ersten C-Teile-Dienstleister, die auf die RFID-Gate-Technologie gesetzt haben, ist die Würth Industrie Service GmbH & Co. KG. Sie bietet das System seit 2014 an. Zielgruppe dafür sind Unternehmen mit einem sehr großen C-Teile-Bedarf und einem hohen Servicebedarf. Dazu zählen insbesondere Unternehmen der Automobil- und Weiße-Ware-Branche.

Die wichtigste Verbesserung durch die RFID-Gate-Technologie ist, dass in der Produktion keine statischen, unflexiblen und dezentralen Lagerorte mehr benötigt werden. Die Nachversorgung erfolgt von einem zentralen Lagerort aus mittels Routenzug beziehungsweise Milkrun oder durch spezielle Dienstleister bis an das Fertigungsband oder bis direkt an den jeweiligen Arbeitsplatz. Das bündelt Kapazitäten, spart Laufwege, reduziert Stellflächen und begünstigt den Materialfluss insgesamt.

Ein weiterer wichtiger Pluspunkt der RFID-Gate-Systeme ist deren Flexibilität. So können neben der nahezu unbegrenzten Kapazität des RFID-Gates auch größenunabhängige Warenträger, also z. B. Paletten-Kanban beziehungsweise beliebige Objekte, erfasst werden. Das System muss im Gegensatz zu anderen RFID-Lösungen nicht immer wieder aufgrund sich ändernder Kapazitätsschwankungen erweitert oder rückgebaut werden. Durch die RFID-Gate-Technologie ist erstmal sogar eine dynamische Belieferungs- und Leerbehälterabholstrategie denkbar. Auch die Notversorgungskonzepte werden direkt und automatisch eingeleitet, um die Gefahr eines Bandstillstands aufgrund fehlender C-Teile zu reduzieren.

Ein Nachteil ist lediglich, dass derzeit noch keine befüllten Warenträger gelesen werden können, um z. B. den Wareneingangsprozess zu verbessern. Dies dürfte aber in Zukunft der Fall sein.

Die Möglichkeiten des RFID-Gates gehen über Standard-Lösungen hinaus. Professionelle C-Teile-Dienstleister sind in der Lage, das eigene Standard-RFID-Gate für spezielle Sonderabwicklungen beim Kunden so umzugestalten, dass auch kundenindividuelle Anwendungsfälle realisiert werden können. Im Folgenden werden zwei spezielle Anwendungen der RFID-Gate-Technologie dargestellt: der „Palettscan" und der „Palettube".

92 4. Digitale Versorgungssysteme für optimierte Beschaffungsvorgänge

Abbildung 39: RFID-Gate am Warenausgang bei der Würth Industrie Service.

Abbildung 40: Das RFID-Gate als „Palettscan".

Abbildung 41: Das RFID-Gate als „Paletttube" (Quelle: Würth Industrie Service).

Abbildung 40 zeigt ein Kundenbeispiel, bei dem ein RFID-Gate so umkonstruiert wurde, dass es zur Erfassung von großen Mengen an Leerbehältern auf einer Palette in einem Regal eingesetzt werden kann. Dies wird oft auch als „Palettscan" bezeichnet.

Abbildung 41 wiederum zeigt einen sogenannten RFID-Tunnel beziehungsweise „Paletttube". Dieser erfasst eben nicht nur einzelne Behälter, sondern gesamte Paletten. Dabei ist die Paletteneinheit selbst der RFID-Träger und das Kanban, welches die Nachbestellung auslöst.

Diese beiden Beispiele zeigen einmal mehr, dass sich C-Teile-Dienstleister immer stärker zu einem innovativen Prozess-Dienstleister oder zu einem Datenmanager entwickeln werden oder gar müssen und sich nicht nur auf die klassischen C-Teile wie Schrauben und Normteile beschränken.

Weitere innovative Konzepte

Die nachfolgenden Beispiele sind digitale Anwendungen um den Einkaufsprozess herum. Die Digitalisierung im Einkauf konzentriert sich nicht nur auf die Prozesse, sondern auch auf Themen, die etwas weiter gefasst sind. Nehmen wir die Problematik der Ersatzteilversorgung oder kleiner Losgrößen. Wie schwierig gestaltet es sich für einen Einkäufer oder Einkäuferin, hier einen entsprechenden Lieferanten zu finden, und wenn er gefunden ist, sind die langen Lieferzeiten ein großes Problem. Additive Fertigung (3D-Druck) kann hier vielleicht die Abhilfe schaffen, sicherlich nicht in allen Fällen, aber in einigen bestimmt. Während der 3D-Druck noch vor einigen Jahren nur etwas für wissenschaftliche und experimentelle Anwendungen war, so ist heute der additive Fertigungsansatz eine ausgereifte Alternative, die in vielen Bereichen ihren Einsatz findet.

Eine weitere Facette vom Einsatz digitaler Lösungen und künstlicher Intelligenz im Einkauf und beim Lieferantenmanagement ist der digitale Lieferantenbesuch oder auch Remote Assistance Audit. Remote Assistance ist im Wesentlichen eine erweiterte Telepräsenztechnologie, die ein AR (Augmented Reality)-fähiges Mobilgerät (Smartphone, Tablet oder eine sprachgesteuerte Datenbrille) nutzt. Sie ermöglicht es einer Person, ihr Sichtfeld über einen Audio- und Videolivestream mit einer oder mehreren anderen Personen zu teilen. Eine Vielzahl von Firmen nutzen immer häufiger die künstliche Intelligenz und virtuelle Hilfsmittel, um die Effektivität und Schnelligkeit ihres Außeneinsatzes zu verbessern. Dies gilt insbesondere für die Bereiche: Logistik, Montage, Service und Lieferantenmanagement. Die Visualisierung des Lieferanten mit all seinen Möglichkeiten oder auch Einschränkungen können mittels eines Remote Assistance-Einsatzes nachhaltig dokumentiert und visuell dargestellt werden. „Die Kernfunktion ist das Teilen des Sichtfelds des Anwenders in Echtzeit mit anderen virtuellen Teilnehmern. Das ermöglicht eine Kommunikation basierend auf einem virtuellen Schulterblick, wobei der Remote-Experte den Bildschirm bzw. das Sichtfeld (AR) des Anwenders mit visuellen Anmerkungen, wie Sprachkommentare, Fotos, Dokumenten oder Videos, versehen kann." (Quelle: amaexpert – Digital Accelerator). Kurzum, Probleme beim Lieferanten können schneller und effektiver gelöst werden. Diese Anwendungen stellen einen weiteren Schritt in der Digitalisierung von Arbeitsprozessen im Einkauf und Supply Chain Management dar.

Fast täglich finden virtuelle Verhandlungen und Zusammenkünfte mit Lieferanten und Dienstleistern statt. Nur nehmen wir diese nicht als ein digitales Erlebnis wahr. Es ist halt „nur" eine Videokonferenz. Vielfach ist zu hören, das ist nur vorübergehend und nach Corona schalten wir wieder auf den Normalmodus und dies heißt Präsenz. Doch es wird nicht mehr so stattfinden. Die fortschrittlichen und innovativen Einkäufer haben längst den Vorteil einer Online-Zusammenkunft erkannt. Die Besprechungen und Verhandlungen lassen sich selbst über Kontinente hinweg kurzfristig durchführen. Eine Videokonferenz ist besser als 100 E-Mails. Zusätzliche Kapazitäten können geschaffen werden, indem die entfallene Reisezeit für strategische Aufgaben genutzt werden kann. Wie bei einer normalen Besprechung, gilt es auch bei virtuellen Zusammenkünfte gewisse Spielregeln zu beachten, wenn eine Konferenz erfolgreich abgeschlossen werden soll. Diese Spielregeln werden in 10 Punkten beschrieben.

Die berufliche Weiterbildung im Bereich Einkauf, und natürlich nicht nur hier, ist ein wesentlicher Baustein im digitalen Transformationsprozess. Digitales, ortsunabhängiges Lernen ist mittlerweile neben den klassischen Qualifizierungsformaten in vielen Unternehmen integraler Bestandteil der Personalentwicklungsstrategien. Am Beispiel „3E-Blended-Learning" wird beschrieben, wie ein effektives und zeitgemäßes Online-Weiterbildungsprogramm aussehen kann.

Zum Abschluss der Vorstellung von innovativen Konzepten starten wir einen Ausflug in die Zukunft der „künstlichen Intelligenz (KI)". Die ersten Ergebnisse und Produkte der KI sind auch im Einkauf sichtbar. Leider sind nicht alle Aspekte der KI positiv und dienen der Vereinfachung von Prozessen oder zur Verfügungstellung von innovativen Werkzeugen. Leider steckt auch hier eine große Gefahr.

Berichte und Beurteilungen über Lieferanten und Produkte können „gefaked" sein, selbst Empfehlungen, Blogs oder wissenschaftliche Berichte (Stichwort: Paper Mill) können nicht immer geglaubt werden.

Natürlich gibt es noch eine Fülle von weiteren Digitalisierungsoptionen im Einkauf, die hier beschriebenen stellen Best-Practice-Lösungen dar, die bereits erfolgreich in mittelständischen Unternehmen umgesetzt wurden. Der Aufwand zur Einführung hält sich bei der Auswahl der richtigen Dienstleister, die einen begleiten und unterstützen, gering.

5. Additive Fertigung (3D-Druck) als Alternative für den Anlagenbau und die Ersatzteilbeschaffung

(Dr. Elisabeth Bauer)

5.1 Überblick

Die aktuellen geopolitischen Krisen wie die Corona-Pandemie und der Ukrainekrieg haben schnell und schmerzhaft die Schwächen in den globalen Lieferketten aufgedeckt und die ohnehin schwierig gewordene Beschaffungssituation verschärft. Gerade bei hochentwickelten Industrieerzeugnissen ist die Wertschöpfungskette außerordentlich komplex – und brüchig. Wo Produktionen trotz Krise aufrechterhalten werden können, darf eines auf keinen Fall passieren: dass die Business Continuity durch Versorgungsengpässe gestört ist. Dabei können zwei Faktoren zum Engpass werden, der Nachschub von Rohstoffen und Zulieferkomponenten zur Aufrechterhaltung der Produktion sowie die Verfügbarkeit von Ersatzteilen.

Rettung in der Not verspricht der industrielle 3D-Druck. Die Vorteile liegen auf der Hand: Teile sind in exakt benötigten Stückzahlen „on demand" verfügbar, Probleme wie Komplexität, Kosten und Logistik der Lagerhaltung sowie Beschädigung oder Obsoleszenz der gelagerten Teile erübrigen sich. Und das Ganze erfolgt schnell genug, so dass keine kostspieligen Stand- und Wartezeiten anfallen.

5.2 Der 3D-Druck – Eine innovative, digitale Lösung

3D-Druck, im industriellen Kontext als Additive Fertigung bezeichnet, ist ein Schichtbauverfahren, bei dem Material nicht wie bei klassischen Herstellungsverfahren etwa durch Fräsen abgetragen oder durch Gussverfahren in die gewünschte Form gebracht wird, sondern bei dem Material gezielt an gewünschten Stellen aufgetragen wird, um dadurch dreidimensionale Körper aufzubauen. Im Unterschied zu herkömmlichen Produktionsverfahren kommt der 3D-Druck ohne aufwändig im Vorfeld zu erstellende Werkzeuge oder Formen aus. Die innovative Technologie ist unabhängig von der Stückzahl, Produkte lassen sich digital individualisieren und in kleinen Stückzahlen oder sogar als Einzelanfertigung produzieren. Dabei steht mittlerweile eine Vielzahl von Verfahren zur Verfügung, die so verschiedene Materialien wie Kunststoffe, Metall oder Baustoffe verarbeiten können.

Am Beispiel der FIT AG beschreiben wir die Grundlagen des industriellen 3D-Druckes und zeigen anhand von praktischen Beispielen (Best Cases) den heute bereits erfolgreich praktizierten Einsatz dieser Technologie. Die FIT AG ist ein Dienstleister mit einem Allround-Service rund um die additive Fertigung. Mit über 25 Jahren Erfahrung im Projektgeschäft verfolgt der Technologiepionier die Mission, den Fortschritt mit additiver Fertigung voranzutreiben. Angesiedelt zwischen Anlagenherstellern, Kundenbranchen und Servicedienstleistern, verfügt das Unternehmen über eine umfangreiche herstellerunabhängige Technologiepalette und viel Erfahrung in Pre- bzw. Post-Production (Engineering und Prozessentwicklung bzw. Nachbearbeitung und Qualitätssicherung, uvm.). Einen hohen Stellenwert genießt bei FIT der Bereich Forschung und Entwicklung, der die Validierung neuer Materialien, die industrielle Erschließung neuer Technologien bis hin zum Testbetrieb von Alpha-Maschinen sowie die Beteiligung an zahlreichen Forschungskooperationen umfasst. Dieser Expertise entspringt die folgende Übersicht als ein Best-Practice-Panorama heutiger Technologien.

5.3 Ein Überblick aktueller 3D-Drucktechnologien

Additive Verfahren mit Metall

Das Herstellprinzip ist bei allen 3D-Druckverfahren gleich. Ausgehend von einem digitalen Datenmodell werden dreidimensionale Körper in Schichten aufgebaut. Die technischen Methoden und Materialien dazu sind sehr vielfältig und für verschiedenste Einsatzzwecke geeignet.

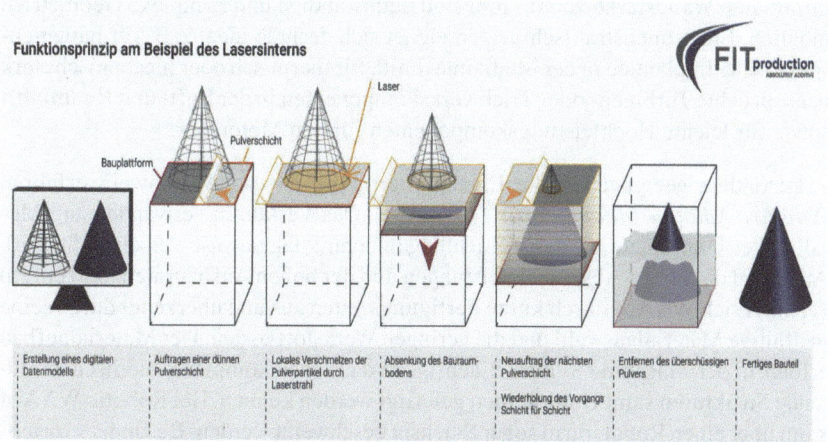

Abbildung 42: Funktionsprinzip am Beispiel des Lasersinterns.

Beim *Laserschmelzen* (LM bzw. PBF-LB/M) wird Metallpulver schichtweise auf eine Bauplattform aufgebracht, wobei jede Schicht mittels Laserstrahlen an den vorgegebenen Koordinaten bis zum Schmelzpunkt erhitzt wird. Durch das Verschmelzen des Pulvers innerhalb einer Schicht und über mehrere Schichten hinweg wird das Bauteil dreidimensional aufgebaut. Zur Vermeidung von Verzug am Bauteil sind Stützstrukturen erforderlich, die im Nachgang wieder entfernt werden müssen. Als Standardmaterialien dienen Aluminium, Edelstahl, Werkzeugstahl, Inconel und Kupfer. Mit Laserschmelzen lassen sich Bauteile fertigen, die über eine hohe thermische und dynamische Belastbarkeit verfügen und die aufgrund der schnelleren Abkühlrate meist bessere mechanische Eigenschaften aufweisen als z. B. Gussteile. Die Bauteile verfügen über eine leicht raue (R_a ~20 µm), poren- und rissfreie Oberfläche. Aufgrund einer minimalen Wandstärke von 0,3 mm sind dünnwandige und komplexe Geometrien möglich. Laserschmelzen eignet sich deshalb ideal z. B. für Zylinderköpfe für Hochleistungsmotoren, Leichtbaukomponenten für die Raumfahrt und Spritzgusswerkzeuge.

Nach einem ganz ähnlichen Prinzip funktioniert das *Elektronenstrahlschmelzen* (EBM bzw. PBF-EB/M), mit dem Unterschied, dass hier Titanpulver mittels eines Elektronenstrahls schichtweise an den definierten Koordinaten des Datenmodells im Hochvakuum aufgeschmolzen wird. Eine auf 2.500 °C erhitzte Kathode emittiert dazu Elektronen, die durch elektromagnetische Felder gelenkt und mit halber Lichtgeschwindigkeit auf das Metallpulver treffen. Auch beim Elektronenstrahlschmelzen sind Stützstrukturen erforderlich. Die so erzeugten Metallteile zeichnen sich durch eine hohe Geometriefreiheit und eine extrem hohe thermische und mechanische Belastbarkeit sowie hohe Korrosionsbeständigkeit aus und können durch die schnellere Abkühlrate sogar bessere mechanische Eigenschaften aufweisen als Gussteile. Die Oberfläche ist sehr rau (R_a ~40 µm). Aufgrund einer minimalen Wandstärke von 0,7 mm sind dünnwandige und komplexe Geometrien möglich. Elektronenstrahlschmelzen eignet sich deshalb ideal z. B. für patientenspezifische Implantate in der Medizintechnik, für thermisch oder mechanisch stark beanspruchte Turbinen- oder Triebwerkskomponenten in der Luft- und Raumfahrt sowie für leichte Hochleistungskomponenten für den Motorsport.

Besonders geeignet für die Ersatzteilfertigung ist das Aufschweißverfahren *Wire Arc Additive Manufacturing* (WAAM). Das Verfahren verwendet statt Metallpulver Drahtmaterial, das in Lichtbogentechnik lagenweise verschweißt wird. Aufgrund der hohen Abschmelzleistungen und der hohen Aufbauraten (600 cm³/h) zeichnet sich WAAM durch kurze Fertigungszeiten aus und überzeugt durch seine vielfältige Materialauswahl und die geringen Werkstoffkosten. Der Materialaufbau erfolgt in der Maschine 3- oder 5-achsig, so dass auch komplexe, bionisch anmutende Strukturen samt Hohlräumen gefertigt werden können. Bei Robotic WAAM kann über einen Roboterarm sogar 8-achsig geschweißt werden. Besonders vorteilhaft ist dabei die nahezu 100 %ige Ausnutzung des Materials. Das Bauteil wird als endkonturnaher Rohling erstellt, der anschließend durch CNC-Fräsen vollständig oder nur an den erforderlichen Funktionsflächen fertig bearbeitet wird. Dies ermöglicht kurze Lieferzeiten.

Ein neuartiges Verfahren ist *Supersonic 3D Deposition*, bei dem der Schichtaufbau nach dem Prinzip des Kaltschweißens erfolgt, d. h. Metallpulver wird durch eine Raketendüse auf dreifache Schallgeschwindigkeit beschleunigt und aufgrund der hohen kinetischen Energie verbinden sich die einzelnen Partikel durch plastische Verformung. Das Bauteil wird als endkonturnaher Rohling erstellt, der anschließend durch CNC-Fräsen vollständig oder nur an den erforderlichen Funktionsflächen fertig bearbeitet wird. Mit SP3D lassen sich Einzelteile oder Serienbauteile mit einem Durchmesser von 1 m, einer Höhe von 0,7 m und einem Gewicht bis 45 kg durch eine Aufbaurate von 6 kg/h in extrem kurzer Zeit herstellen. Dadurch lassen sich die Lieferzeiten im Vergleich zum herkömmlichen Guss von Monaten auf Tage verkürzen.

Additive Verfahren mit Kunststoff

Im Kunststoffbereich ist die Bandbreite der Verfahren noch deutlich größer. Sicherlich das etablierteste Kunststoffverfahren ist das *Selektive Lasersintern* (SLS), das zur Familie der Laser Powder Bed Fusion-Verfahren (PBF-LB/P) zählt. Dabei wird Kunststoffpulver vollflächig auf eine Bauplattform aufgebracht. Ein CO_2-Laser erhitzt die Kunststoffpartikel an den vorgegebenen Koordinaten bis kurz vor ihren Schmelzpunkt, wodurch sie sich miteinander verbinden. Nach Fertigung einer Schicht wird die Bauplattform abgesenkt, eine neue Schicht Pulver aufgebracht und der Bauprozess beginnt von vorn, bis das Bauteil dreidimensional vollständig hergestellt ist. Komplexe Geometrien lassen sich mit Hinterschnitten oder Überhängen ohne Stützstrukturen bauen, da die Bauteile im kompakten Pulverbett durch das sie umgebende Material gestützt werden. Dadurch lassen sich sogar ineinander verzahnte, bewegliche Teile in einem Stück fertigen. Mit Selektivem Lasersintern können Bauteile hergestellt werden, die über eine hohe Temperaturbeständigkeit verfügen und deren gute mechanische Eigenschaften über die Lebensdauer nicht altern. Die Bauteile verfügen über eine relativ raue (Ra ~13 μm), körnige Oberfläche, die sich sehr gut nachbearbeiten lässt. Aufgrund einer minimalen Wandstärke von 0,7 mm sind dünnwandige und komplexe Geometrien möglich.

Fused Deposition Modeling (FDM) ist mit Abstand das bekannteste 3D-Druck-Verfahren. Ein drahtförmiges, thermoplastisches Filament wird in einem Extruder bis an den Schmelzpunkt erhitzt und in flüssiger Form entlang der Bauteilkonturen auf eine Bauplattform abgelegt. Beim Abkühlen härtet das Material schnell aus. Volumenkörper werden aus Kosten- und Zeitgründen nicht solide, sondern mit Füllstrukturen hergestellt. Eventuell erforderliche Stützstrukturen müssen im Nachgang entfernt werden. Mit FDM können langfristig formstabile Bauteile mit einer hohen Steifigkeit kostengünstig hergestellt werden. Unbearbeitete Bauteile haben eine raue Oberfläche und lassen die einzelnen Baustufen erkennen, jedoch sind viele Arten der Nachbearbeitung wie beispielsweise Glätten, Lackieren oder Beschichten möglich. FDM erlaubt eine Mindestwandstärke von 1 mm und hat im Vergleich zu anderen 3D-Druck-Verfahren eine geringere Genauigkeit. Im Gegenzug steht dafür aber eine sehr breite Palette an verarbeitbaren Materialien bis hin zu Verbundmaterialien und Hochleistungskunststoffen für anspruchsvolle Anwendungen zur Verfügung.

Beim *Gel Dispensing Printing* (GDP) wird ähnlich wie bei Fused Deposition Modeling ein hochviskoses Gel, ein weißes Photopolymer Acrylat, aus einem Extruder computergesteuert schichtweise aufgetragen und sofort mittels UV-Licht ausgehärtet. Anschließend wird der Bauraum abgesenkt und die nächste Schicht des Bauteils aufgebracht. Mit GDP lassen sich nahezu alle Geometrien als Hohlkörper und ohne Stützstrukturen bauen. GDP beeindruckt durch schnelle Aufbauraten (2 kg Material pro Stunde), die Bauteile sind hervorragend geeignet für eine anschließende Veredelung z. B. durch eine Beschichtung mit Polyester, Epoxy, Polyuria/Polyurethane, Glasfaserspritzen, durch Metal Coating, Lackieren oder Polieren. Mit Gel Dispensing Printing können Bauteile bis zu einer Größe von 1,80 m einteilig hergestellt werden. Die Objekte sind leicht und schwer entflammbar gemäß DIN 4102 – class B2/ASTM D635/UL 94 HB. Ab einer minimalen Wandstärke von 2 mm sind formstabile Geometrien möglich.

Beim recht jungen pulverbasierten Verfahren *Selective Absorption Fusion* (SAF) wird, analog zum Selektiven Lasersintern, ein Polyamidbett verwendet. Die schichtweise Verbindung der Pulverpartikel wird aber nicht über einen Laser, sondern über eine infrarotempfindliche Energieabsorptionsflüssigkeit erreicht. Der Auftrag dieses Binders erfolgt selektiv über piezoelektrische Industriedruckköpfe, das Aushärten geschieht mit Infrarotlicht. SAF liefert homogene Polyamid-Bauteile mit äußerst feinen Geometrien. Die maximale Bauteilgröße liegt bei 315 × 208 × 293 mm bei einer Schichtstärke von 100 µm. Für die Serienfertigung verspricht SAF Genauigkeit, Wiederholbarkeit und Prozesskontrolle, die in der industriellen Fertigung heute unerlässlich sind. Das Verfahren strebt danach, wettbewerbsfähig mit Spritzguss zu sein und gestattet Stückzahlen im Bereich von mehreren hundert bis tausend Bauteilen. Typische Anwendungen sind Steckverbinder, Scharniere, Kabelhalter, Elektronikgehäuse, Abdeckungen und Luftkanäle sowie generell präzise Endbauteile aus der Handelsgüter-, Automobil-, Konsumartikel- und Elektronikbranche.

Beim *Binder Jetting* wird aus einem Druckkopf, ähnlich einem Inkjet-Drucker, ein flüssiges Bindemittel entlang der Bauteilkonturen auf eine dünne Schicht aus Kunststoffpulver gesprüht, wodurch die einzelnen Kunststoffpartikel verkleben. Anschließend wird der Bauraum abgesenkt, eine neue Pulverschicht aufgetragen und das Bauteil so in mehreren Schichten dreidimensional aufgebaut. Wie beim Selektiven Lasersintern werden beim Binder Jetting keine Stützstrukturen benötigt. Im Gegensatz zum Selektiven Lasersintern (SLS) wird der Bauraum nicht aufgeheizt, wodurch zwar einerseits ein thermischer Verzug der Bauteile vermieden wird, andererseits ist jedoch eine nachgelagerte Wärmebehandlung erforderlich, um die Endfestigkeit der Bauteile zu erreichen. Mit Binder Jetting können relativ große Bauteile in hoher Präzision und mit guter Detailauflösung schnell und günstig hergestellt werden. Die Bauteile verfügen über eine relativ raue (Ra ~13 µm), körnige Oberfläche, die sich sehr gut nachbearbeiten lässt. Aufgrund einer minimalen Wandstärke von 1 mm sind dünnwandige und komplexe Geometrien mit geringer mechanischer Belastbarkeit möglich.

5.3 Ein Überblick aktueller 3D-Drucktechnologien

Beim *PolyJet*-Verfahren wird ein flüssiges Photopolymer aus einem Tintenstrahl-Druckkopf entlang der Bauteilkonturen auf die Bauplattform gesprüht und sofort im Anschluss mittels UV-Licht ausgehärtet. Anschließend wird der Bauraum abgesenkt und die nächste Schicht des Bauteils aufgebracht. Je nach Geometrie des Bauteils benötigt Binder Jetting Stützstrukturen, um das Bauteil an der Bauplattform zu befestigen und Überhänge abzustützen. Das Besondere an diesem Verfahren ist, dass Bauteile vollfarbig oder texturiert hergestellt und mehrere Materialien mit unterschiedlichen Eigenschaften (z. B. fest und flexibel) gleichzeitig in einem Arbeitsgang aufgetragen werden können. Für die 500.000 Farbschattierungen kann Farbechtheit garantiert werden. PolyJet-Bauteile können mit einer Schichtstärke von 14 µm bzw. 27 µm und einer Maßgenauigkeit von +/− 0,1 % mit sehr glatten (Ra ~6 µm), porenfreien Oberflächen hergestellt werden, die sich durch Schleifen oder Polieren sehr gut veredeln lassen. Aufgrund einer minimalen Wandstärke von 0,5 mm sind dünnwandige und komplexe Geometrien möglich.

Die harzbasierte *Stereolithographie* (SLA) ist das älteste 3D-Druckverfahren am Markt. Dabei wird ein ultravioletter Laserstrahl über bewegliche Spiegel entlang der Bauteilkonturen auf ein duroplastisches Kunst- oder Epoxidharz (Photopolymer) gelenkt, das dadurch ausgehärtet wird. Zur Fixierung der Bauteile in dem flüssigen Bauraum sind Stützstrukturen erforderlich, die im Nachgang manuell entfernt werden. Je nach Material erfolgt abschließend ein Aushärtungsprozess mittels UV-Behandlung, um die äußere Oberfläche der Bauteile vollständig zu verfestigen. Aufgrund der Lichtempfindlichkeit des Materials ist eine Verfärbung der Bauteile im Lauf der Zeit möglich. Mit Stereolithographie können hochgradig isotrope, wasserdichte und temperaturbeständige Bauteile hergestellt werden, die über eine sehr hohe Detailauflösung, Genauigkeit und sehr glatte Oberflächen (Ra ~2 µm) verfügen. Aufgrund einer minimalen Wandstärke von 0,7 mm sind dünnwandige und komplexe Geometrien möglich.

Auch das *Digital Light Processing* (DLP) verwendet ein flüssiges Photopolymer, das durch UV-Lichtprojektion ausgehärtet wird. Anders als bei der Stereolithographie dringt das Licht dabei nicht von oben, sondern nach dem Top-Bottom-Verfahren von unten durch den transparenten Boden der Bauplatte in das Material ein. Das Bauteil wird so Schicht für Schicht belichtet und nach oben aus dem Bauraum heraus gedrückt. Beim DLP-Verfahren wird die Auflösung der Bauteile durch das Fertigungsvolumen (Größe des Harztanks) sowie die Auflösungsqualität der Lichtquelle (Beamer, LCD- oder LED-Displays) definiert. Je kleiner der Tank und je mehr Bildpunkte, desto höher der Detaillierungsgrad des Bauteils. Nach der Fertigung werden die Bauteile in der Regel thermisch nachgehärtet, eventuelle Stützstrukturen müssen mechanisch entfernt werden. Mit DLP lassen sich Bauteile mit einer Aufbaurate von 100 mm/h herstellen, die durch einen extrem hohen Detaillierungsgrad, scharfe Konturen und sehr glatte Oberflächen überzeugen. Aufgrund der zur Verfügung stehenden Materialvielfalt können schlagzähe Duromere, belastungsstarke Thermoplaste, reißfeste Elastomere oder Kunststoffe mit einer Wärmebeständigkeit von bis zu 300° C werkzeuglos und präzise verarbeitet werden. Insofern ist DLP nicht nur aus qualitativer Sicht, sondern auch aus Kostengründen eine echte Alternative zum konventionellen Spritzguss.

5.4 Grenzen des 3D-Drucks

So überzeugend die Synergie zwischen On-demand-Fertigung und 3D-Druck auf den ersten Blick auch ist, so gibt es doch einiges zu beachten. Nicht jedes beliebige Teil ist für die Fertigung als 3D-Druckteil geeignet. Nur Bauteile, deren Verfügbarkeit kritisch und deren Ausfallkosten und -wahrscheinlichkeit entsprechend hoch ist, sollten als Kandidaten für eine Umstellung auf Additive Fertigung im Rahmen einer Kosten-/Nutzenrechnung in Betracht gezogen werden. Ein direkter Vergleich der Beschaffungskosten für ein additiv gefertigtes Ersatzteil mit dem bisherigen Einkaufspreis für das konventionell hergestellte Teil wird derzeit immer zu dem Ergebnis führen, dass die Additive Fertigung teurer ist. Das hat seine Bewandtnis, denn die konventionellen Verfahren sind Massenverfahren mit hohen Skaleneffekten, während die Additive Fertigung auf die Herstellung von Einzelstücken oder Kleinserien spezialisiert ist. Diese Situation wird sich auch in absehbarer Zeit nicht ändern. Daher ist es wichtig, die Prozesskosten miteinander in Beziehung zu setzen, also alle Kosten, die die Verfügbarkeit des Ersatzteils garantieren und auf dem Weg von der Idee bis zur Verschrottung des Ersatzteils entstehen. Das heißt, angesichts der hohen Produktionskosten muss ein Businesscase vorliegen, in dem die Additive Fertigung ihre Vorteile der schnelleren Lieferbarkeit bzw. der generellen Beschaffbarkeit ausspielen kann. Dann, und nur dann, ist Additive Fertigung ein Garant für eine 100 %ige Verfügbarkeit bei reduzierten Total Costs of Ownership (TCO).

Hinzu kommt, dass alle Verfahren erst dann greifen können, wenn ein geeigneter Datensatz existiert – den es in der Regel nicht gibt. Daher muss vor der eigentlichen Fertigung ein Reengineering der betreffenden Ersatzteile erfolgen, sie müssen unter Beibehaltung ihrer Funktionalität für die Additive Fertigung angepasst werden. Dazu ist aber nicht jeder Konstrukteur imstande, denn dies erfordert additives Spezialknowhow. Auch die letztliche Produktqualität muss gewährleistet sein, durch ein ausgeklügeltes Kontrollsystem, das an jeder Phase des Produktionsprozesses greift.

Neben den praktischen Aspekten gibt es noch ein weiterer Punkt, den es zu beachten gilt: Schließlich darf nicht einfach fröhlich drauflos digitalisiert werden. Wenn die Rechte (Stichwort: Intellectual Property – Schutz von geistigem Eigentum) an den Ersatzteilen nicht frei verfügbar oder frei nutzbar sind, würde das Herstellmonopol von OEMs (Original Equipment Manufacturer) verletzt werden. Einstige Kunden könnten sich aus der Geschäftsbeziehung verabschieden, wenn sie ihre Ersatzteile nicht mehr beim Lieferanten bestellen, sondern auf eigenen Anlagen herstellen oder woanders günstiger in Auftrag geben. Diese Rechtsfrage muss im Vorfeld geklärt werden.

5.5 Ablauf eines Ersatzteil-Projekts mit 3D-Druck

Aus ihrer langjährigen Erfahrung hat die FIT Additive Manufacturing Group eine 5-stufige Lösung für die Optimierung und Rationalisierung des Ersatzteilmanagements entwickelt. S. P. O. D. („Spare Parts On Demand") ist ein innovatives Programm, das Unternehmen bei dieser Transformation unterstützt und ihnen ein strukturiertes und vollständig integriertes Lösungspaket an die Hand gibt.

Am Projektanfang steht eine grundlegende risikoorientierte Beratung, bei der die Teile identifiziert werden, die sich unter Kosten- und Machbarkeitsgesichtspunkten für die Additive Fertigung eignen. Nachdem die Additive Fertigung nicht gerade billig ist, konzentriert sich die Analyse des Ersatzteilbestands vor allem auf die „kritischen" Ersatzteile, d. h. die Ersatzteile, deren Verfügbarkeit teuer und gleichzeitig schwierig aufrechtzuerhalten ist und deren Ausfall mit hohen Risiken hinsichtlich Kosten und Ausfallwahrscheinlichkeit verbunden ist. Am Ende dieser Phase werden für die ausgewählten Ersatzteile Kennzahlen ermittelt, wie z. B. Bestellmenge, Lieferzeiten, Beschaffungskosten etc., die aktuellen Ist-Werte werden für diese Kennzahlen erfasst und anschließend Zielwerte formuliert, die am Ende des Projekts erreicht werden müssen. Das Realisierungskonzept hält diese Ziele, Meilensteine, Zeitplan und eine Kostenschätzung fest.

Wenn der Originalhersteller die benötigten Produkte nicht mehr produziert und die Bauelemente nicht mehr vorrätig sind, fehlen für ein Neudesign häufig die technischen und finanziellen Ressourcen. Hier kommt der 3D-Druck-Dienstleister ins Spiel. Als erster Schritt der Fertigung findet die Digitalisierung des Teils statt. Falls noch kein geeigneter Datensatz vorliegt, wird ein digitales Modell erstellt. Modernste 3D-Scan-Technologie und professionelles Konstruktions-Knowhow verwandeln ein Originalteil oder eine Zeichnung davon durch komplettes Reverse Engineering oder durch spezifisches Re-Engineering in einen digitalen Datensatz. In diesem Zug kann in enger Zusammenarbeit mit dem Qualitätsmanagement des Kunden auch eine weitergehende Neukonstruktion vorgenommen worden, ein Neudesign, das über den exakten Nachbau hinaus einen Produktmehrwert schafft.

Danach wird der Fertigungsprozess für das Ersatzteil definiert, getestet und soweit vorbereitet, dass eine Herstellung im Bedarfsfall sofort möglich ist. Dieses Datenmodell wird einschließlich aller Fertigungsparameter und der digitalen Herstellungsspezifikation in einem virtuellen Lager (einer Digital Manufacturing Database) gesichert. Für den Bedarfsfall ist dann alles vorbereitet, so dass die Versorgungssicherheit durch eine schnelle Herstellung und ein umfassendes Fulfillment garantiert ist. Die On-demand-Fertigung greift, sobald die Bestellung ausgelöst wird, von der eigentlichen Fertigung bis zur professionellen Nachbearbeitung und Qualitätskontrolle. Insgesamt können so die Prozesskosten erheblich reduziert werden, da der Administrationsaufwand vereinfacht wird, die Kosten für Lagerhaltung und eine mögliche Entsorgung entfallen und keine unkalkulierbaren Lieferverzögerungen befürchtet werden müssen. Qualität, Lieferzeit und Kosten sind damit planbar, KPI-Effekte können gemessen werden und die Ersatzteilversorgung ist gesichert.

5.6 Praxisbeispiele

Sandtreppe bei der Deutschen Bahn

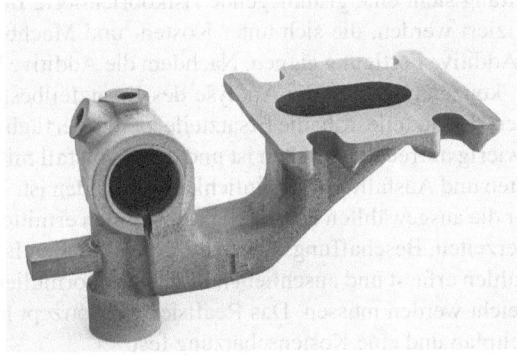

Abbildung 43: Lösung Ersatzteile – Sandtreppe (Quelle: FIT AG).

Pünktlichkeit ist im Bahnverkehr ein bedeutender Wirtschaftsfaktor für die Betreiber. Allerdings sind gerade in Deutschland Züge oft notorisch zu spät. Die Gründe vieler Verspätungen sind oft technischer Natur. Und wenn sich Züge im Personen- und Güterverkehr verspäten, kostet das die Bahnunternehmen Unsummen. Auf einen aus dem Betrieb genommenen Zug entstehen täglich geschätzte Servicekosten in fünfstelliger Höhe. Dabei sind oft ganz kleine Teile verantwortlich für einen solchen Zugausfall. Daher wurde in der Bahnindustrie der 3D-Druck als wichtige Ersatzteilstrategie zur Kosteneinsparung identifiziert. Die Nutzungsdauer von Zügen liegt in der Regel bei 35 bis 45 Jahren. Deshalb ist es schwierig, Ersatzteile zu beschaffen, was das Problem noch verschärft.

Die Deutsche Bahn ist eines der weltweit führenden Mobilitäts- und Logistikunternehmen. Als der Hersteller der linken Sandbox, einem wichtigen Teil des Bremssystems der Lokomotive, die Produktion abkündigte, drohten Zugausfälle und hohe Stillstandskosten bei den älteren Modellen. Eine Fertigung der Graugussteile war auch bei anderen Zulieferern nicht mehr möglich. Die Lösung fand die Deutsche Bahn im 3D-Druck. Eine 100%ige Kopie des Teils, die im Elektronenstrahlschmelzen aus Titan hergestellt wird, würde nun im neuerlichen Bedarfsfall in kürzester Zeit zur Verfügung stehen. Ein CT-Scan hat die Qualitätskontrolle beim Spezialfertiger FIT AG bestätigt, die endgültige Qualifizierung wurde von der Deutschen Bahn durch einen Strahltest zur Gewährleistung der Verschleißfestigkeit erfolgreich abgeschlossen.

Vibrationsdämpfer bei der ÖBB

Abbildung 44: Lösungen Ersatzteile – Vibrationsdämpfer (Quelle: FIT AG).

Die ÖBB setzt in ihren Triebwagen des Typs Bombardier Talent für ihre Klimageräte Vibrationsdämpfer aus Gummi ein, die die Kupferrohre während des Betriebes vor Beschädigungen durch Erschütterung und Vibration schützen. Als klassische Gummiverschleißteile werden diese Dämpfungsringe bei der Aufarbeitung der Klimageräte im Triebwagen Talent 1 ausgetauscht, sobald sie porös sind. Die on-demand-Ersatzteile werden nun im SLS-Verfahren aus TPU hergestellt und rot eingefärbt. An die Digitalisierung des kleinen Teils schloss sich eine Designanpassung an, die den Einbau des kleinen Teils im Anschluss an die Wartung der Klimageräte erleichtert. Der Einbau war vorher nur mit Spezialwerkzeugen möglich und nahm pro Dämpfer 20 Minuten in Anspruch, so dass die Wartungstechniker in der Klimaaufbereitung für den Einbau von drei Vibrationsdämpfern eine Stunde aufwenden mussten. Die Designanpassung sieht eine konische Form und einen Längsspalt vor, so dass der Einbau ohne Spezialwerkzeug erfolgen kann. Zum Einbau wird das neue Teil über das Leitungsrohr gesteckt. Damit minimiert sich die Einbauzeit von einer Stunde pro Klimagerät auf wenige Minuten, was eine jährliche Kostenersparnis von 3.500 EUR bedeutet.

Lagerschild im Maschinenbau

Das Ersatzteil eines Lagerschilds wurde im WAAM-Verfahren aus Stahldraht aufgeschweißt. Die Funktionsflächen wurden abgefräst, die übrige Oberfläche kann unbearbeitet bleiben und zeigt die charakteristische Schweißraupenoberfläche. Eine Besonderheit ist das Aufschweißen einer weicheren Innenbeschichtung aus Messing. Sobald diese Innenschicht in der Lagerbuchse verschleißt, kann das Material einfach herausgefräst und mit WAAM eine neue Schicht aufgetragen und anschließend nachbearbeitet werden. Somit muss im Bedarfsfall nicht der gesamte Lagerschild ersetzt werden.

Abbildung 45: Lösungen Ersatzteile Lagerschild (Quelle: FIT AG).

Schlaucharmatur bei der australischen Marine

Abbildung 46: Lösungen Ersatzteile – Schlauchanschluss (Quelle: SPEED3D).

Die Royal Australian Navy hat Supersonic 3D Deposition (SP3D) erfolgreich für die Ersatzteilbeschaffung eines Schlauchanschlusses erprobt. Die korrosionsanfälligen Anschlüsse werden für motorbetriebene Pumpen in verschiedensten Größen und Ausführungen benötigt und müssen häufig ersetzt werden. Im Test wurde ein Typ-C-Modell für Löschwasser mit einem Gewicht von 660g in 24 Minuten aus Aluminium hergestellt, dann nachbearbeitet und an Bord eines Patrouillenboots der Armidale-Klasse praktisch erprobt. Damit ist dieser sogenannte „Homecoming-Service" ein Paradebeispiel für die Ersatzfertigung on demand und on location.

5.7 Fazit

Neue Technologien und Prozesse wie der industrielle 3D-Druck spielen eine wachsende Rolle, wenn es darum geht sicherzustellen, dass die Ersatz- und Endbauteile zuverlässig und zeitnah dorthin gelangen, wo sie benötigt werden. Die Additive Fertigung bietet schnelle und einfache Lösungen für den akuten Notfall. Kurzfristig benötigte Provisorien, Produktionshilfsmittel, Spritzgusswerkzeuge oder zulassungsfreie Bauteile aus Kunststoff oder Metall, die ohne wesentliche Anpassungen additiv gefertigt werden können, sind nur einige Beispiele, die sich in diesem Zusammenhang aufzählen lassen. Wenn schnelle Lieferzeit wichtiger ist als günstigste Beschaffungskosten, ist der 3D-Druck in jedem Fall eine sinnvolle Alternative.

Seine Stärken hat der 3D-Druck zweifellos in allen Bereichen, die von innovativen Produktverbesserungen profitieren. Konsequenter Leichtbau und höhere Energieeffizienz in den Bereichen Automotive und Luft- und Raumfahrt, radikale Funktionsoptimierungen bei Endbauteilen, realitätsgetreue Anschauungsmuster und testfähige Funktionsprototypen, aufwändige Maschinenbaukomponenten in Stückzahl 1 oder kundenspezifische Serienteile sind Anwendungsfälle, in denen die Additive Fertigung unschlagbar ist. Doch auch im Bereich der Ersatzteilbeschaffung leistet der industrielle 3D-Druck einen wertvollen Beitrag und kann das Obsoleszenzmanagement sinnvoll unterstützen. Unter der Voraussetzung der Rentabilität ist Additive Fertigung ein ideales Mittel gegen Beschaffungsprobleme wie mangelnde Verfügbarkeit, lange Lieferzeiten, ungeplant hohe Bestellkosten und aufwändige Lagerbestände und kann das Ersatzteilmanagement grundlegend verändern. Mit 3D-Druck müssen Ersatzteile nicht mehr aufwändig administriert, produziert, gelagert, transportiert und unter Umständen am Ende sogar vernichtet werden. Stattdessen werden sie „on demand" und im Idealfall sogar „on location" hergestellt. Durch die Vielfalt der Verfahren ist auch die Bandbreite der in Frage kommenden Ersatzteile sehr groß, wie die kleine Auswahl der Beispiele zeigt.

Dabei ist es für den 3D-Druck prinzipiell unerheblich, ob der Verwendungszweck ein Ersatzteil oder ein Endbauteil ist. Für eine grundlegende Umstellung des Ersatzteilmanagements bedeutet dies, dass Endbauteile bereits ab der ersten Konstruktion als Ersatzteile angelegt werden können, d. h. dass sie mit allen Parametern in einer Ersatzteildatenbank gespeichert werden, von wo aus sie bei Bedarf jederzeit abrufbar sind. Perspektivisch wird sicherlich die systematische Digitalisierung existierender Ersatzteilbestände unter dem Aspekt der On-demand-Fertigung eine der wichtigsten Aufgaben von Unternehmen sein, sich künftig von bröckelnden Lieferketten zumindest in Teilen freizumachen.

6. Remote Assistance-Lösungen für Lieferantenaudits und Qualitätsinspektionen – Auditprozesse im internationalen Geschäft nachhaltig neu gestalten

(Carolin Hambrügge)

6.1 Überblick

Entspannt am eigenen Schreibtisch sitzen und virtuell die Fertigungshallen des Lieferanten in Indien live erleben. Keine futuristische Vision, sondern Realität in der täglichen Arbeit von GPS (Global Procurement Services). Der nachfolgende Artikel stellt dar, wie Lieferantengespräche und -audits bei Unternehmen in anderen Ländern mit Hilfe von digitalen Hilfsmitteln, oder auch Remote Assistance-Lösungen genannt, online durchgeführt werden können.

Lieferantenaudits gerade im fernen Ausland sind aufwendig und sehr kostenintensiv. Die Mitarbeiter sind meistens eine Woche kreuz und quer im Land unterwegs, verbringen die meiste Zeit im Flugzeug oder Auto, um sich eine Handvoll Lieferanten anzusehen. Danach das Risiko, dank der Temperaturunterschiede oder eines empfindlichen Magens, krank zurückzukehren. Wenn sich zudem die Hälfte der Lieferanten als untauglich erwiesen hat, war diese Reise eine teure und in jeder Hinsicht Energie verschwendende Investition. Seit den ersten SARS-Infektionen im Jahr 2002 oder auch seit der Finanzkrise 2008 sehen wir im Bereich der Geschäftsreisen und internationalen Lieferantenbesprechungen einen Trend, mehr Videokonferenzen und weniger Reisen. Bis zum Ausbruch der Corona-Pandemie Anfang 2020 war dieser Trend eher schwach sichtbar und durch teure Videokonferenzanlagen und fehlende Standardsoftware (für technische Applikationen) begrenzt. Doch mit der stark eingeschränkten Reisetätigkeit und dem Vorhandensein von kostenlosen (oder fast kostenlosen) Anwendungen wie Skype, MS Teams oder Zoom, um hier nur einige der verbreitetsten Softwareprogramme zu nennen, gehören Videokonferenzen mit Lieferanten zum Standard. Die Professionalität der Videokonferenzen nimmt sichtbar zu und der Nutzen ist erkennbar. Natürlich ersetzt eine Videokonferenz nicht in allen Fällen eine örtliche Präsenz, in vielen Fällen ist sie jedoch eine sehr gute Alternative und viele Einkäufer haben dies in jüngster Vergangenheit zu schätzen gelernt. Der nächste Schritt, auch technische Dienstleistungen virtuell zu unterstützen, liegt daher nahe.

Mit dem Einsatz von Remote Assistance-Leistungen, eine Form von *Augmented Reality (AR)*, können diese Aufwendungen und Risiken minimiert werden. *Remote Assistance* kann man hierbei als „Unterstützung aus der Ferne" übersetzen.

Augmented Reality (AR) bezeichnet eine computerunterstützte Wahrnehmung bzw. Darstellung, welche die reale Welt um virtuelle Aspekte erweitert. Ein anderer Begriff in diesem Bereich ist *Assisted Reality*, worunter man eine Technologie versteht, die es einer Person erlaubt, ihr eigenes Umfeld mit einem Experten zu teilen, der in Echtzeit bei der Lösung eines Problems helfen kann.

6.2 Virtuelle Lieferantenaudits und Qualitätsgespräche

Schon seit langem bestehen Angebote von Dienstleistern, ein Lieferantenaudit (besonders im internationalen Umfeld) oder eine Qualitätsabnahme virtuell stattfinden zu lassen. Die Firma GPS mit ihren Büros in Singapur, Indien und China bietet seit Jahren diesen Service an. Die Ingenieure vor Ort sind mit Kamera und Tablet ausgerüstet, stellen online den Kontakt vor Ort her und können damit einen tieferen Einblick beim Lieferanten vermitteln, ohne dass der Kunde selbst vor Ort sein muss. Dies ist gerade in Zeiten der Corona-Pandemie und dem eingeschränkten Reisen eine gute Alternative. Es ist auf jeden Fall effizienter, als einen internationalen Lieferanten nur per Telefon, Internet und E-Mail zu managen.

GPS geht hier einen Schritt weiter und nimmt die Herausforderungen der digitalen Entwicklung an. *Augmented Reality (AR)* ist die konsequente Weiterentwicklung der bisher angebotenen Dienstleistungen. Dank dem gezielten Einsatz neuer Technologien und Anwendungen können Unternehmen schneller reagieren, ihre Qualitätsstandards sicher stellen und durch reduzierte Auslandsreisen der Mitarbeiter Zeit und Kosten zu sparen. Die GPS-Ingenieure vor Ort in Asien bilden hierbei den verlängerten Arm der Einkaufs- und Qualitätsabteilungen des Kunden in Deutschland und Europa. GPS mit seinem Team stellt dabei eine erweiterte Telepräsenz beim Kunden oder Lieferanten in Asien sicher. Ein AR-fähiges Gerät wie ein Smartphone/Tablet, ein Notebook oder eine sprachgesteuerte AR-Brille/Datenbrille ermöglichen den GPS-Ingenieuren beim Lieferanten in Asien, mit dem Kunden in Deutschland online in Kontakt zu treten. Das Gerät stellt eine Kommunikation (über einen Audio- und Videolivestream) zwischen dem Personal vor Ort und mehreren Personen beim Kunden her. Der wichtigste Baustein hierbei ist das Teilen des Sichtfeldes oder der Anwendung des Ingenieurs vor Ort (bei dem asiatischen Kunden oder Lieferanten) in Echtzeit mit den Mitarbeitern im Stammwerk in Deutschland.

Dank dieser innovativen Dienstleistung kann das Unternehmen:

- Reisekosten und Ausfallzeiten durch Reisen der Mitarbeiter des Stammhauses wesentlich reduzieren

- Trotz Reiseeinschränkungen vor Ort beim Kunden und Lieferanten präsent sein (wenn auch nur virtuell)

- Schneller verfügbare Ergebnisse, weniger Abstimmungsaufwand

- Kurzfristige Feedbackschleifen auch ohne erneuten Reiseaufwand.

6.3 Klassischer Prozess im internationalen Geschäft

Der klassische Prozess, insbesondere bei Audits im internationalen Geschäft, besteht in der Regel aus folgenden Schritten:

- Terminabsprachen
- Reiseplanung und Buchungen
- Visaformalitäten
- Inhaltlich Vorbereitung der Reise
- Anreise der Mitarbeiterinnen und Mitarbeiter
- *Auditvorbesprechung (Kernprozess)*
- *Auditdurchführung (Kernprozess)*
- *Auditnachbesprechungen (Kernprozess)*
- *Erstellung Auditbericht (Kernprozess)*
- Rückreise der Mitarbeiterinnen und Mitarbeiter
- Interne Präsentation der Auditergebnisse
- Sonstiges…

Ziel von GPS ist es, dass sich der Kunde dank Remote Assistance-Lösungen auf die 4 Kernschritte des Audits konzentrieren kann.

6.4 Voraussetzungen zur Einführung von AR-Leistungen im Lieferantenumfeld

Der eindeutige Vorteil von heutigen Remote Assistance-Lösungen ist, dass die Investitionen gering sind. Gerade der Einsatz für kleinere und mittelständische Unternehmen ist hiermit in den Fokus gerückt. Was sind die Voraussetzungen, um diese neuen Dienstleistungen und Prozesse nutzen zu können?

Hardware

Neben einem Notebook/Tablet ist ein Smartphone und eine AR-Brille/Datenbrille erforderlich. Das Smartphone kann gegebenenfalls als Hotspot genutzt werden für die Einwahl ins Internet oder alternativ ein Mobilfunk-Dongle (kleiner Hardwarestecker als Schnittstellenadapter). Eine Datenbrille erfüllt zwei wesentliche Voraussetzungen bei der Erbringung von digitalen technischen Dienstleistungen: Zum einen zeichnet sie wie eine Webcam online auf und gibt einen Überblick über bestimmte Prozesse oder Örtlichkeiten, und zum anderen sind auf dem kleinen Bildschirm vor dem Auge alle hinterlegten Prozesse, Pläne und Anweisungen aufrufbar, egal wo sich der Mitarbeiter gerade befindet. Einzige Voraussetzung ist ein entsprechender Internetzugang. Durch eine bidirektionale Integration in den Arbeitsprozessen können Daten und Informationen aus den entsprechenden Systemen jederzeit abgerufen werden und mit neuen Informationen ergänzt werden.

Softwarelösungen und Standardapplikationen

Teure und selbsterstellte Softwarelösungen sind nicht notwendig. Der Markt kann heute mit kostengünstigen Standardapplikationen dienen und auch mit Portallösungen wie MS Teams (Microsoft® Teams Produkt und Warenzeichen von Microsoft) können gemeinsam definierte Prozesse, Checklisten, Reports und Arbeitsanweisungen im System individuell hinterlegt werden, die online von beiden Seiten (beim Kunden in Deutschland und beim Lieferanten im Ausland) bearbeitet werden können. Ergänzt werden diese Informationen durch zielgerichtete Videoaufnahmen und Digitalfotos.

Workshop

Zusammen mit dem Kunden und dem Lieferanten werden die individuellen Prozesse, Checklisten, Reports etc. bestimmt. Beispielsweise in einem Workshop werden in enger Abstimmung mit dem Kunden folgende Festlegungen getroffen:

- Festlegung der Anforderungen des Kunden
- Welche Technologie (Software und Hardware) kommt zum Einsatz?
- Bei welchen Prozessen soll mit dieser Technologie gearbeitet werden?
- Müssen IT-Schnittstellen geschaffen werden?
- Welche Lieferanten sollen vor Ort eingebunden werden?
- Welche Dokumente sollen digital abgebildet werden?
- Wer ist Teil des Projektteams und wie ist der Zeitplan?

Dieser Workshop ist die Grundlage für das Pflichtenheft und den konkreten Umsetzungsplan. Letztendlich bestimmt der Kunde, welche Software zum Einsatz kommt und welche Prozesse digitalisiert werden. Entscheidend wird das Kosten-/Nutzenverhältnis sein.

6.5 Online-Audits mit MS Teams und RealWear HMT-1 Datenbrille

Beim Online-Audit nehmen alle geplanten Auditteilnehmer über eine MS Teams-Auditsitzung am Audit, an den vorher definierten Arbeitspaketen, die alle vollumfänglich von GPS organisiert werden, teil. GPS stellt dabei den Auditor vor Ort. Es wird keine spezielle Software zur Teilnahme an den Online-Auditsitzungen benötigt. Es muss lediglich sichergestellt werden, dass alle Auditteilnehmer eine gute und stabile Internetverbindung besitzen. Die Auditteilnehmer können entweder gemeinsam in einem Meetingraum zusammenkommen oder jeder kann an seinem Arbeitsplatz, getrennt von den anderen, online teilnehmen. Es ist hierbei egal, ob die Auditteilnehmer an verschiedenen Standorten in verschiedenen Ländern arbeiten.

In der MS Teams Auditsitzung werden nun die Inhalte, die im Audit abgefragt werden sollen, durch die Teilnehmer via Microsoft Teams dem Auditor live am Bildschirm präsentiert. Hierbei gibt es unzählige Präsentations-, Arbeits- und White-Board-Möglichkeiten in MS Teams. Ideal ist dabei die Teilnahme mit Headset (Kopfhörer und Mikrofon), um ungestört von der unmittelbaren Umwelt zu sein.

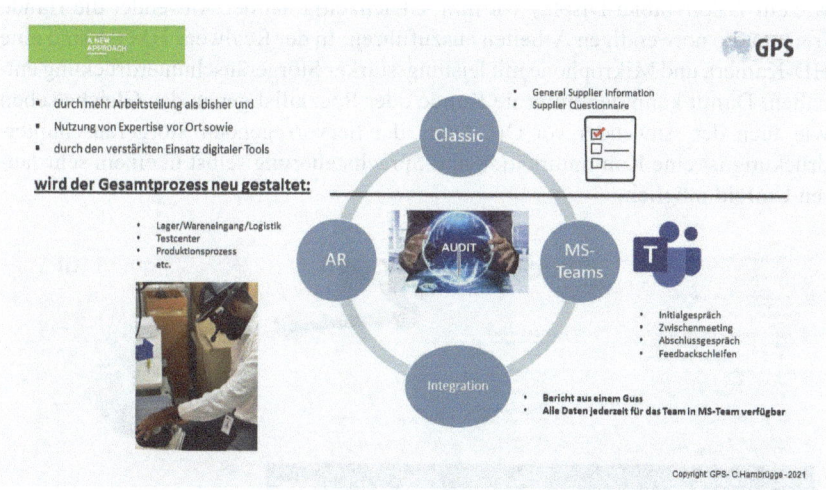

Abbildung 47: Neuer Gesamtprozess durch AR-Einsatz.

Das eigentliche Audit erfolgt durch den GPS-Auditor vor Ort, der entsprechende Bericht wird unter Microsoft Teams zur Verfügung gestellt und dann entsprechend den vorab definierten Arbeitspaketen präsentiert. Spezielle Vertiefungen erfolgen in einer gemeinsamen rechtzeitig abgestimmten MS Teams-Besprechung auch unter zur Hilfenahme einer AR-Brille des GPS-Auditors, z. B. für den Bereich Lager, Prüflabor etc.

Entsprechende Videosequenzen und Bilder werden unter MS Teams abgelegt.

Der erfolgte Chat zwischen dem Team des Kunden und dem GPS-Auditor kann ebenfalls in MS Teams abgebildet werden. Damit ist der gesamte Prozess ganzheitlich und lückenlos dokumentiert und jederzeit über MS Teams abrufbar. Nach intensiver Beschäftigung mit den verschiedenen bereits verfügbaren AR-Brillen auf dem Markt hat GPS sich für den Erwerb und Einsatz der monukularen RealWare HMT-1 entschieden. Die Datenbrille ist durch ihre Ausrichtung auf industrielle Einsätz besonders geeignet für den Einsatz im GPS-Aufgabenfeld. Sie ist robust und für Brillenträger ohne zusätzliche Anpassung nutzbar. Prinzipiell kämen auch andere Datenbrillen für den Einsatz in Frage.

AR-Brillen können in zwei Kategorien unterteilt werden: Monokulare und binokulare AR-Brillen. Monokulare Datenbrillen zeigen digitale Informationen vor einem Auge des Anwenders an. Binokulare AR-Brillen hingegen projizieren holografische 3D-Inhalte direkt im Blickfeld des Benutzers.

Mit der AR-Plattform können die Spezialisten aus der Ferne Informationen für den Anwender vor Ort senden. Die Informationen erscheinen dann direkt im Blickfeld des Anwenders. Diese Informationen sehen für den Anwender dann so aus wie ein 7-Zoll-Tablet-Display vor ihm. Gleichzeitig hat der Anwender die Hände frei, um die notwendigen Arbeiten auszuführen. In der Realwear HMT-1 sind eine HD-Kamera und Mikrophone mit leistungsstarker Störgeräuschunterdrückung enthalten. Damit kann der entfernte Kunde oder Spezialist genau das Gleiche sehen wie auch der Anwender vor Ort. Dank der hervorragenden Störgeräuschunterdrückung ist eine Kommunikation und Sprachsteuerung selbst in einem sehr lauten Umfeld möglich.

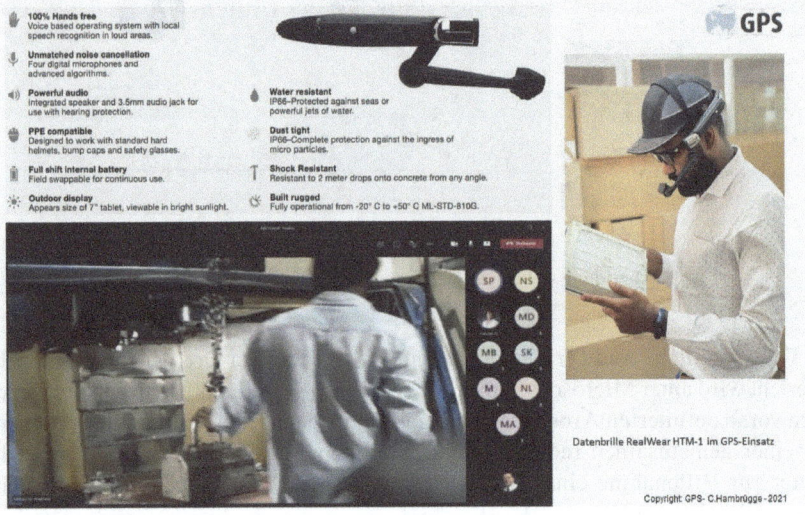

Abbildung 48: GPS Remote Assistance Lösung mit Realwear HMT-1 Datalens.

Diese Remote Assistance-Lösung ermöglicht den Aufbau mobiler Videokonferenzen über eine solche Datenbrille. Das technische Fachpersonal beim Kunden und in den Zentralen kann so die Perspektive des Anwenders oder des Lieferanten einnehmen, ohne selbst vor Ort zu sein. In interaktiven Videoschaltungen über die Brille können Anwender vor Ort in Echtzeit bei der Fehlersuche, beim Maschinenaufbau, bei der Qualitätsabnahme schnell und unkompliziert helfen.

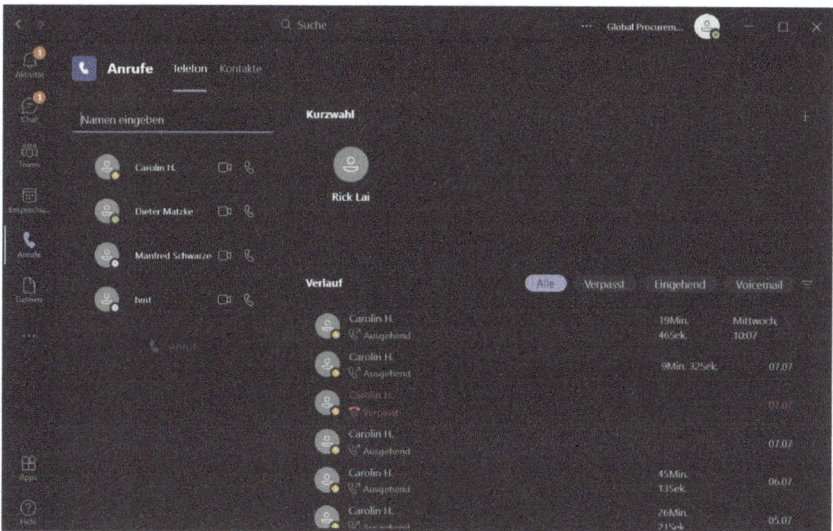

Abbildung 49: Integration der Datenbrille in MS Teams.

Großkonzerne entwickeln und nutzen diese Remote Assistance-Lösungen bereits seit Jahren. Teilweise eigene Entwicklungen wie bei dem Unternehmen „MAN" oder die RealWear Datenbrille, die bei „VW Service" im Einsatz ist. MAN Energy Solutions hebt hervor: „So kann zum Beispiel ein Spezialist in Indien ein Problem für einen Kunden in den USA lösen, ohne reisen zu müssen." Der Umweltfaktor in Kombination mit dem Austausch von Wissen der weltweiten Standorte ist für all diese Unternehmen der Antrieb.

6.6 Praxisbeispiel virtueller Lieferantenbesuch in Indien

Angestoßen wurde die aktive Nutzung einer Datenbrille im GPS-Büro in Chennai, Indien in der Hochphase der Corona-Pandemie. Für ein Kundenprojekt sollten sowohl Lieferanten in ganz Indien auditiert werden als auch Hersteller für die Investitionsgüter identifiziert werden. Von Beginn an wurde das Einkaufs- und Qualitätsteam des Kunden in Deutschland zu den Initialbesuchen der GPS-Mitarbeiter bei den indischen Lieferanten per Videokonferenz hinzugeschaltet. Es folgte eine Hinzunahme der Datenbrille bei den ausführlichen Potenzialanalysen und in der Vertiefung der Zusammenarbeit. Dies ließ entscheidende Fragen von Seiten des deutschen Qualitätsteams in einem sehr frühen Stadium aufkommen, so dass, abgesehen von Reisekostenminimierung, viel Zeit und Energie gespart werden konnte.

Bei mehreren Versuchsreihen in der Fertigung seines indischen Kunden unterstützt die Datenbrille einen weiteren Kunden vertriebsseitig zur schnelleren Fehleranalyse vor Ort. Eine deutliche Verbesserung im Vergleich zum intensiven langwierigen SMS-Austausch mit dem indischen Mitarbeiter während des Versuches.

Nicht nur in Innenräumen und Industriehallen kam die Datenbrille in Indien bisher zum Einsatz. Auch bei der Standortrecherche für den Produktionsstandort eines Kunden ließen sich mögliche Industriegrundstücke mit virtuellen Augen sehen und der Kunde gewann einen wesentlich besseren Eindruck als allein durch Bilder oder Google Maps. Der aktive Austausch zwischen dem Projektmanagement in Deutschland, den GPS-Mitarbeitern vor Ort und die während der Videokonferenz aufkommenden Fragen und schnellen Antworten/Aktionen bereicherten den Projektverlauf enorm.

Abbildung 50: Virtuelle Baustellenbesichtigung in Chennai (Indien) mittels Datenbrille und MS Teams.

Insgesamt konnte durch Einbindung der Einkauf- und Qualitätsteams aus Deutschland, deren intensivem Kontakt mit den GPS-Mitarbeitern und Lieferanten in Videokonferenzen und durch den Einsatz der Datenbrille ein deutlicher Erfolg erzielt werden. Weitere Einsatzbereiche sind Schulungen, Produktions- und Qualitätsprüfungen.

6.7 Fazit

Herausforderungen gibt es bei dem Einsatz jeder neuen Technologie. Sei es, dass man den Widerstand in den Köpfen der Entscheider überwinden muss, einem die Technik in Form von Hardware und Internetverbindung Probleme bereitet oder der Datenschutz. Dies sind jedoch Hürden, die gemeistert werden können. In erster Linie müssen die Lieferanten einverstanden sein, dass eine AR-Brille zum Einsatz kommen darf. Dies sollte bereits vorab mit einem entsprechenden Passus in der Geheimhaltungsvereinbarung deutlich gemacht werden. Es kann die Anwendung auf einzelne Bereiche des Betriebes beschränkt werden. Kommunikation und ein offener Austausch sind hierbei Voraussetzung.

Entscheidend für eine gute Bildqualität ist eine solide Internetverbindung. Wenn das WLAN des Lieferanten nicht genutzt werden kann oder soll, ist entweder die Nutzung eines 5G Mobilfunk-Dongle eine gute Alternative oder das Smartphone als Hotspot. Die Anwendung der Datenbrille und Einbindung in eine Software oder z. B. MS Teams verlangt einen Testlauf, der zuerst im GPS-Büro in Asien stattfinden kann. Die Spracherkennung durch neue Nutzer verlangt etwas Übung und ist in ruhiger Umgebung zu testen.

Der interkulturelle Aspekt in den persönlichen Beziehungen zwischen Kunde und GPS-Mitarbeiter oder Kunde und Lieferant ist nicht zu unterschätzen. Hier braucht es von beiden Seiten Geduld, Verständnis und die Investition in ein interkulturelles Training, wenn eine langfristige Zusammenarbeit z. B. mit Indien angestrebt wird.

Der Einsatz von Videokonferenzen und AR-Brillen ersetzt kein persönliches Meeting und das Audit eines erfahrenen Qualitätsingenieurs, der genau weiß, worauf es bei der Herstellung seines Produktes ankommt. Es ist jedoch eine verlässliche und intelligente Ergänzungslösung, um den Austausch zu intensivieren und die Lieferantenauswahl effizienter zu gestalten.

Die Vorteile von Online-Audits oder Remote Assistance-Systemen in der Supply Chain lassen sich daher wie folgt zusammenfassen:

Kosteneffizienz

Es sind keine Reiseplanungen, keine Reisezeiten, keine Reiseaufwendungen und keine Wegezeiten zwischen den Auditstationen notwendig. Stattdessen maximale und effiziente Nutzung der Ressourcen:

Arbeitszeit = Auditzeit.

Flexibilität

Online-Audits können, wenn es die Umstände erfordern, sehr schnell angesetzt werden. Es muss lediglich eine Microsoft Teams-Auditsitzung mit allen Auditteilnehmern durch zum Beispiel GPS einberufen werden und schon kann es losgehen.

Unterstützt bei Risikobewertungen

Mit Online-Audits kann schnell eine erste Beurteilung und Bewertung von Risiken stattfinden, z. B. im Rahmen von Fehleranalysen. Es können online die notwendigen Experten hinzugezogen werden, um eine Problemstellung zu beurteilen. Online-Audits sind die beste alternative Auditart für Vorabbewertungen, Reifegradeinschätzungen und GAP-Analysen (Lückenanalyse) zu vorhandenen Qualitätsmanagement-Systemen.

Vernetzt und interaktiv

Online-Audits kennen keine örtlichen Grenzen. Über den eigenen Microsoft Teams-Account können sich beliebig viele Auditteilnehmer an beliebig vielen Orten – auch kurzfristig im Audit – hinzuschalten.

Transparent

Teilen aller Auditdokumente und -dateien im MS Teams Auditteam. Sowohl der GPS-Auditor als auch die anderen Teilnehmer können über Microsoft Teams ihre Daten erklären und administrieren.

Online-Audits und Nachaudits/Wirksamkeitsprüfungen

Online-Audits sind ideal einzusetzen bei Nachaudits oder Wirksamkeitsprüfungen zu umgesetzten Maßnahmen aus Auditabweichungen.

Lieferkettengesetz

Schaut man weiter in die Zukunft und hat das Lieferkettengesetz im Hinterkopf, so erschließen sich in diesem Bereich zahlreiche Einsatzmöglichkeiten von Online-Audits in Verbindung mit einer Datenbrille. Ohne eigene Reisetätigkeit kann direkt vor Ort eruiert werden, inwieweit der Lieferant entsprechende Zertifikate lebt.

Checkliste

Eine Checkliste zur Einführung von AR Remote Assistance-Systemen ist im Kapitel 10 (Checklisten) zu finden.

7. Der Einsatz von Videokonferenzen und Online-Weiterbildungsprogrammen im Einkauf

(Wilfried Krokowski)

Natürlich ersetzt eine Videokonferenz nicht in allen Fällen eine Präsenzverhandlung. In vielen Fällen kann jedoch die virtuelle Diskussion durchaus hier und da eine Geschäftsreise ersetzen. Daher sollte der Grundsatz gelten, akzeptieren wir Online-Zusammenkünfte als neues strategisches Mittel und lasst sie zu unserem Vorteil nutzen, anstatt es als „lästiges Corona-Virus" zu betrachten. Nutzen wir eine Videokonferenz als strategisches und digitales Instrument, um unsere Ziele zu erreichen. Unter diesem Hintergrund sollte der Einkauf dieses Werkzeug akzeptieren und professionell einsetzen. Das heißt nicht, mit einem Laptop vom Schreibtisch aus oder von dem häuslichen Wohnzimmer mal schnell an einer Online-Zusammenkunft teilnehmen. Nein, auch hier gelten einige wichtige Regeln, um erfolgreich mit diesem Medium umzugehen.

Daher nachfolgend einige praktische Tipps zur professionellen Abwicklung von Videokonferenzen im Einkauf:

1. Vorbereitung einer Online-Konferenz

Wie bei jeder Präsenz-Verhandlung bedarf es bei einer virtuellen Zusammenkunft einer soliden Vorbereitung. Was will ich mit dem Gespräch erreichen? Wer sind die Teilnehmer? Habe ich eine Agenda? Was ist meine Gesprächsstrategie? All diese Punkte sollten geklärt sein, bevor ich meine Kamera freischalte und der Online-Konferenz beitrete.

2. Technische Ausstattung für eine Online-Konferenz

Nicht mal schnell nebenbei das Notebook aufklappen und sich einwählen, auch hier gilt es einen professionellen Eindruck zu hinterlassen. Das heißt: Eine gute Webcam-Kamera in HD-Auflösung (wie zum Beispiel die Logitech 920 HD), eine gute und stabile Datenverbindung, eine externe Freisprecheinrichtung für Konferenzgespräche (Lautsprecher und Mikrofon, z. B. JABRA Speak 410 oder 510), die einen sauberen Audioklang vermitteln und keinen Hall oder Echo während der Sitzung erzeugen, und nach Möglichkeit einen zweiten Monitor für das Videobild, damit der erste Monitor für die Anwendungen zur Verfügung steht. Die Investitionen halten sich in Grenzen und liegen weit unter der Grenze für geringfügige Wirtschaftsgüter.

3. Rechtzeitig die Einwahl beginnen – Hektik vermeiden

Es sollte nicht 2 Minuten vorher die Einwahl zur Konferenz erfolgen. Vielfach führt eine hektische Einwahl zu Problemen. Man findet nicht die entsprechenden Einwahlvorgaben, die Einwahl gestaltet sich komplizierter als gedacht oder im letzten Moment setzt der PC aus und ein kompletter Reboot steht an. Also lieber früher starten und die Verbindung stehen haben, als mit Verspätung und Hektik in die virtuelle Besprechung zu starten.

4. Die Optik muss stimmen

Wie bei einer Präsenzbesprechung auch, sollte der optische Eindruck stimmen. Nicht im „Hawaii-Hemd" in eine Video-Konferenz einsteigen. Hier gelten ebenfalls die Business-Regeln und man sollte auf den äußeren Eindruck achten. Besonders peinlich kann es werden, wenn man aufsteht und mit Trainingshosen durchs Bild läuft. Ebenfalls nicht zu empfehlen ist, während der Konferenz gelangweilt aus dem Fenster zu sehen oder auf seinem Smartphone zu arbeiten. Die Aufmerksamkeit sollte ganz dieser einen Konferenz gelten.

5. Die Räumlichkeiten einer Online-Konferenz

Die Videokonferenz ist ein professionelles Business-Werkzeug, kein Grund dies an einem unaufgeräumten und lauten Arbeitsplatz abzuhalten oder zu Hause mit dem Wohnzimmerschrank und Bügelbrett im Hintergrund. Viele Firmen und Einkaufsbereiche sind dazu übergegangen, den normalen Besprechungsraum auf- oder umzurüsten. Die Kamera sollte nicht gegen das Fenster und Tageslicht ausgerichtet sein, auch der Blick zu Fluren und Türen sollte vermieden werden. Ferner sollte ein neutraler Hintergrund gewählt werden.

6. Hintergründe für das Kamerabild

Der gewählte Hintergrund sollte gut ausgewählt werden. Nicht unbedingt ein Urlaubsbild aus der Karibik oder sonstige private Bilder. Weniger ist mehr, ein neutraler weißer Hintergrund ist bestens geeignet. Ferner sollte bei Konferenzen vom Home-Office darauf geachtet werden, dass ein Hintergrund (einfaches Foto eines Büros) eingeschaltet ist, der die Privatatmosphäre der Wohnung nicht gleich der ganzen Welt mitteilt.

7. Kameraposition und Belichtung

Hier werden die meisten Fehler gemacht. Die Beleuchtung ist häufig grottenschlecht (zu dunkel, zu viel Gegenlicht etc.) und die Kameraposition ist nicht immer ideal. Es gibt viele YouTube-Videos, die sich mit diesem Thema auseinandersetzen. Mit wenigen Mitteln kann man viel erreichen. Wie bereits zuvor erwähnt, der Einkäufer präsentiert sein Unternehmen.

8. Keine nicht gewollten Geheimnisse preisgeben

Achten Sie auf Ihren Desktop bei der Freigabe von Bildschirmen, nicht dass sie irgendwelche Informationen preisgeben, die nicht für Dritte gedacht waren. Vor der Freigabe noch einmal ein kritischer Blick auf den Bildschirm und dann erst den Bildschirm freigeben. Das Gleiche gilt für den Hintergrund, nicht dass gerade die letzte Preiskalkulation oder Informationen über Wettbewerber auf dem im Hintergrund befindlichen Flipchart zu lesen sind.

9. In der Kürze liegt die Würze

Der Vorteil einer Videokonferenz ist, wenn sie im Vorfeld gut vorbereitet und abgestimmt ist, ist sie von kurzer Dauer. Es ist überraschend festzustellen, was man alles in 30 oder 60 Minuten abarbeiten kann. Die Reden sind in der Regel kürzer und man kommt schneller auf den Punkt. Online-Konferenzen sollten nach Möglichkeit nicht länger als 1 Stunde dauern. Im Ausnahmefall kann es auch einmal 2 Stunden oder länger sein, aber dies nur als Ausnahme.

10. Stumm schalten und Video-off-Einstellung

Ein wichtiges Werkzeug bei Zoom und bei MS Teams ist der Mikrofon- und Lautsprecher-deaktivieren-Button. Bei störenden Umweltgeräuschen (Straßenverkehr, offenes Fenster, Telefon- oder Haustürklingel, Bürogeräusche, PC-Drucker etc.) sollte man rechtzeitig auf die Stummtaste drücken, das Gleiche gilt für den Videokamera-Knopf. Sollte ich meinen Platz verlassen oder kommen oder gehen andere Leute ins Bild, so sollte man sich zur Angewohnheit machen, den Knopf „deaktivieren" zu drücken. Lieber einmal zu viel als einmal zu wenig.

Abbildung 51: Beispiel einer erfolgreichen Online-Veranstaltung mit Teilnehmern und Präsentationen aus verschiedenen Ländern (Quelle: GABN – Germany African Business Network).

Online-Besprechungen gezielt und richtig einsetzen

Die Videokonferenz, wie zuvor beschrieben, ist ein weiteres strategisches (und digitales) Werkzeug für den Einkäufer. Je häufiger davon Gebrauch gemacht wird, um so sicherer bewegt man sich in diesem Medium. Es wird von einer Notlösung zu einem strategischen Tool, das der Einkäufer richtig anzuwenden hat. Der Einkäufer soll dieses Werkzeug gezielt und aktiv nutzen, dann ist auch der Vorteil schnell erkennbar. Werden all diese Empfehlungen beachtet, wird der Einkäufer sehr schnell den Nutzen und die Chancen eines Online-Lieferantengespräches erkennen und schätzen lernen. Natürlich ist dies nicht in allen Fällen ein Ersatz zu einer Dienstreise oder einem persönlichen Treffen, aber in vielen Fällen mehr als eine lästige Notlösung.

3E Blended Learning – Praktisches Einkaufswissen digital auf den Punkt gebracht

„Wir erleben seit einigen Jahren einen dramatischen Wandel unserer Arbeitswelt. Diese Transformation ist nachhaltig und vielschichtig. Sie beschäftigt Wirtschaft, Politik und Gesellschaft gleichermaßen. Es ist jetzt an der Zeit, sich auf die Anforderungen der Zukunft intensiv vorzubereiten. Das gilt insbesondere für den Einkauf, der als Schnittstellenmanager zu allen anderen Unternehmensbereichen eine besondere Verantwortung trägt.

‚Stillstand ist Rückschritt' lautet ein bekanntes Zitat. Für den Einkauf bedeutet das, stets offen zu sein für neue Arbeitsprozesse und Organisationsstrukturen. Dieser Anspruch lässt sich aber nur erfolgreich verwirklichen, wenn sein Weiterbildungsmanagement reibungslos funktioniert."

Quelle: Vorwort von Gundula Ullah – Vorstandsvorsitzende des Bundesverbandes Materialwirtschaft, Einkauf und Logistik e. V. (BME), Eschborn (Haufe Studie zum steigenden Beschaffungsaufwand an Corporate Learning – 2022)

Eine wesentliche Aussage der Haufe Studie aus dem Jahr 2022 (Studie zum steigenden Beschaffungsaufwand an Corporate Learning – Sind Weiterbildungseinkauf und -management bereit für 2030?) ist:

„Zukunftsaussichten: Investitionen in innovative Lösungen sind noch verhalten

Zwar planen 68 % der Befragten in Zukunft weitere Investitionen rund um den Einkauf und den Ausbau von Qualifizierungsmaßnahmen. Allerdings sind innovative Plattform- bzw. Lerntechnologien, die eine zeitgemäße und nachhaltige Lernkultur für die Mitarbeiter und Mitarbeiterinnen erlebbar machen, bisher für deren Weiterentwicklung noch nicht in der Breite angekommen: Über 75 % der Unternehmen nutzen diese nur teilweise oder gar nicht.

Fazit: Digitalisierung ist im vollen Gange, aber der Einsatz von Lernplattformen ist noch ausbaufähig

Die Corona-Krise hat bei einem Großteil der Unternehmen die Digitalisierung vorangetrieben. Das ging auch am Einkauf nicht vorbei: *Digitale Prozesse erhalten hier einen deutlich höheren Stellenwert. Auch haben nahezu alle Befragten Weiterbildung als einen zentralen Faktor für die Wettbewerbsfähigkeit des Unternehmens definiert* – dennoch hakt es momentan vielerorts noch an der Umsetzung zukunftsfähiger Lösungen wie Lerntechnologien oder Plattformlösungen. Dabei machen diese Lösungen es möglich, das Weiterbildungsgeschehen im Unternehmen jederzeit im Blick behalten und individuell monitoren zu können sowie dabei nachhaltige und innovative Lernerlebnisse zu schaffen. Hier schöpfen die meisten Unternehmen das Potenzial noch nicht aus."

Im Bereich der Qualifizierung des Einkaufs existieren mittlerweile zahlreiche Angebote für digitale Schulungskonzepte. Zusätzlich bieten Tutorials, Webinare, Learning Nuggets etc. eine unglaubliche Fülle an Materialien, um Informationen zu konsumieren. Und genau hier liegt das Problem. Damit aus Informationen Wissen und schließlich Kompetenzen werden, braucht es mehr als nur das digitale Bereitstellen von Inhalten. Exemplarisch für viele andere Online-Angebote betrachten wir nachfolgend das „3E Blended Learning"-Weiterbildungskonzept Einkauf der Fachhochschule Kiel.

Unter dem Motto „Weiterbildung mit Mehr(!)blick" hat die Fachhochschule Kiel mit einem völlig neuen Weiterbildungskonzept für den Einkauf gestartet. Mit dem Produkt „3E Blended Learning" sollen Einkäufer und Einkäuferinnen Know-how nicht passiv konsumieren, sondern im Interesse eines nachhaltigen Kompetenzaufbaus und Qualifizierungserfolges:

Erfahren, erleben und entwickeln

Handlungsorientiertes Lernen steht bei diesem Programm im Mittelpunkt, um Schulungserfolg und maximalen beruflichen Transfer zu generieren und nachhaltig zu sichern.

Was ist genau das Konzept?

Anders als bei vielen Webinaren und anderen Online-Qualifizierungsformaten werden die Teilnehmer intensiv in den interaktiven Lehr-/Lernprozess eingebunden, gecoacht und von erfahrenen Experten auch im Anschluss fachlich unterstützt. Drei interaktive Einheiten vermitteln anwendungsorientiert das Wichtigste zum jeweiligen Thema. Den Einstieg bildet eine erste Online-Einheit, die konzentriert und auf den Punkt gebracht die Kernkompetenzen vermittelt.

Im nächsten Schritt sind die Teilnehmer aufgefordert, die Umsetzung des Erlernten direkt in ihrer eigenen betrieblichen Praxis zu erleben (Transfer!). In dieser Praxisphase werden die Teilnehmer von den erfahrenen Referenten und Referentinnen begleitet.

In einer abschließenden Online-Einheit werden gemeinsam die Umsetzungserfolge reflektiert und gemeinsam Ideen für weitere Maßnahmen entwickelt.

Das didaktische Konzept

Der typische Seminarablauf nach dem „3E Blended Learning" Prinzip

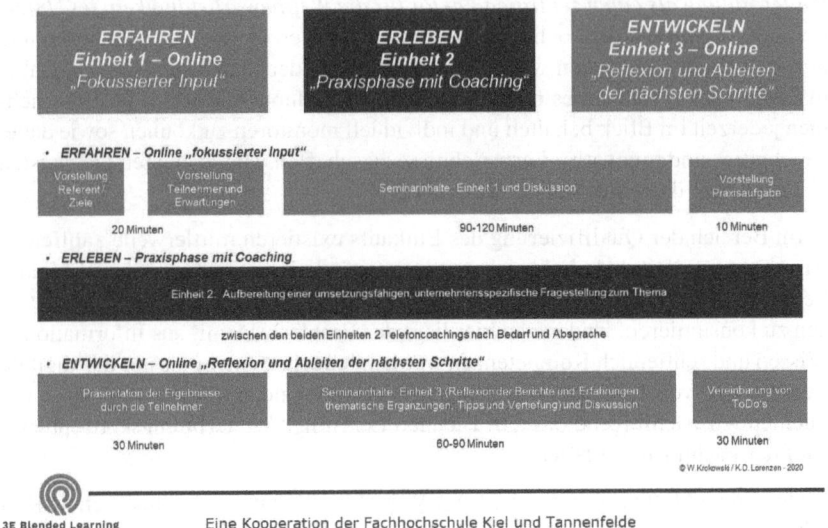

Abbildung 52: Das didaktische Konzept von 3E-Blended-Learning.

Die Vorteile des neuen Lernens im Einkauf liegen auf der Hand:

Zeitersparnis

Weil die Seminare im Wesentlichen online stattfinden und die sich beiden Online-Einheiten jeweils über max. 2–3 Stunden erstrecken, bleibt genug Zeit zur Erledigung von anderen wichtigen Aufgaben im Unternehmen. Aufwändige Zeiten für die An- und Abreise zum Veranstaltungsort entfallen. Zeit, die für strategische oder operative Arbeiten zur Verfügung steht.

Kostenersparnis

Die Reisekosten entfallen gänzlich und ein „3E Blended Learning"-Seminar ist aus Gesamtkostensicht preislich attraktiver als konventionelle Tages- oder In-House-Seminare.

Praxisbezug

Durch die zusätzliche Komponente „Einheit 2 – Praxisprojekt mit Coaching" werden reale und betriebliche Themen bearbeitet.

Kompaktheit

Kurze Online-Sequenzen, um die Aufmerksamkeit aufrecht zu halten! Kompakte, auf das Wesentliche konzentrierte Inhalte erhöhen die Relevanz!

Durch eLearning bis zu über 80 % CO_2-Emissionen reduzieren

Wissenschaftliche Studien fanden heraus, dass die Haupteinsparungen von CO_2 bei Online-Lernveranstaltungen im Wesentlichen auf reduzierten Reisetätigkeiten basieren, die allein 40 % an den eingesparten CO_2-Emissionen ausmachen. Eine Präsenzveranstaltung schlug demnach mit rund 4.300 MJ (MegaJoule) zu Buche bzw. rund 280 kg CO_2-Verbrauch. Eine Online-Veranstaltung hingegen verbrauchte in der Studie nur 362 MJ bzw. 36 kg CO_2. Eindeutige Zahlen, die für sich selbst sprechen.

Wer also auch im Bildungs- und beruflichen Weiterbildungsbereich etwas zum aktiven Klimaschutz beitragen möchte, der sollte seine bisherigen Lernkonzepte einmal in Ruhe überdenken.

Besonderer Nutzen für Teilnehmende und Unternehmen

Nach der Teilnahme an bestimmten Seminaren und dem erfolgreichen Absolvieren einer zusätzlichen Prüfung kann auf Wunsch des Teilnehmers ein Hochschulzertifikat erlangt werden. Dieses weist nach, dass die Kandidatin oder der Kandidat

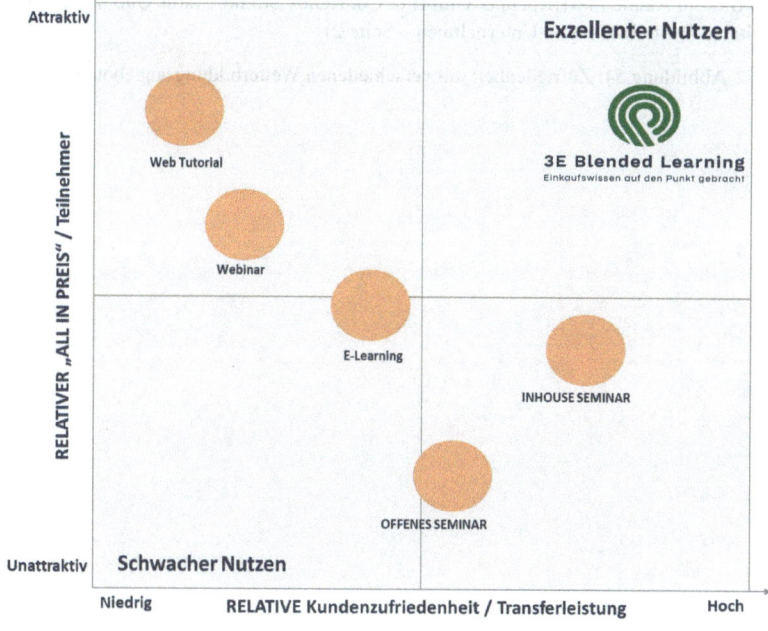

Abbildung 53: Positionierung verschiedener Weiterbildungsangebote.

über die für die Praxis des Einkaufs notwendigen Fachkenntnisse und sonstigen Kompetenzen verfügt, um mit anderen Personen im Beruf auf wissenschaftlicher Grundlage Problemlösungen im Einkauf zu erarbeiten und umzusetzen.

Eine Studie der bitkom-akademie in Zusammenarbeit mit HRpepper aus dem Jahre 2021 kam in seiner Zusammenfassung zu folgender Aussage: „Digitale Lernplattformen zeigen einen besonders hohen Anteil von zufriedenen Teilnehmenden: Im Vergleich mit anderen Lernangeboten schnitten sie mit 87 % von eher/voll und ganz zufriedenen Teilnehmenden am besten ab."

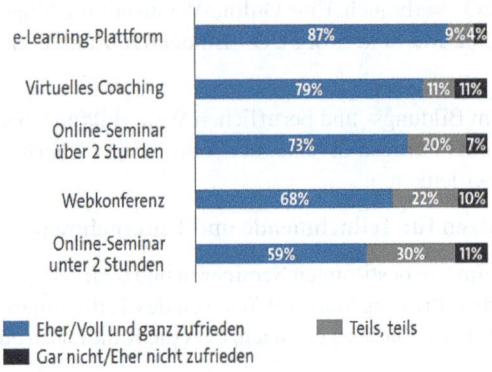

Quelle: Bitkom Akademie/HRpepper GmbH & Co. KGaA Studie: Status Quo und Zukunft der digitalen Weiterbildung in Unternehmen – Seite 21

Abbildung 54: Zufriedenheit mit verschiedenen Weiterbildungsangeboten.

8. Ausblick und Risiken der KI im Einkauf

(Prof. Dr. Doris Weßels und Wilfried Krokowski)

8.1 Grundlagen zum Thema KI – Sprachmodelle der Künstlichen Intelligenz im Spannungsfeld von Utopie und Dystopie

(Prof. Dr. Doris Weßels)

Wir Menschen wissen um die Ambivalenz des technischen Fortschritts. Technikfolgenabschätzungen sind uns vertraut, aber durch den Einzug der künstlichen Intelligenz scheinen sich Faszination und Schrecken beim Blick auf die Einsatzmöglichkeiten wie zwei Duellanten unserer emotionalen Befindlichkeit direkt gegenüberzustehen. Der Einsatz dieser KI-Technologien lässt uns eine ungeahnte Spannweite zwischen den positiven und negativen Nutzungsmöglichkeiten erleben, die deutlich größer ist als beim Einsatz klassischer Software-Werkzeuge zuvor. Dieser Beitrag vermittelt Einblicke in den aktuellen Entwicklungsstand generativer KI-Sprachmodelle, die dem Bereich des „Natural Language Processing" (NLP) zugeordnet werden. Es werden beispielhafte Anwendungsmöglichkeiten erläutert und ein Ausblick in die weitere Entwicklung gegeben – sowohl technologisch wie auch für die Kollaboration von Mensch und Maschine.

Generative KI-Sprachmodelle am Beispiel von GPT-3

Die Non-Profit-Organisation OpenAI aus San Francisco, gegründet 2015 als gemeinnützige Organisation von Elon Musk, Microsoft und weiteren Partnern, hat im Mai 2020 das KI-Sprachmodell GPT-3 vorgestellt, das für Furore sorgte wegen seiner Leistungsstärke und Einsatzvielfalt. Die Nutzungsmöglichkeiten erstrecken sich über vielfältigste Aufgabenstellungen rund um das Verstehen und Generierung von Texten – bis hin zu Softwarecode. Es fehlt jedoch das semantische Textverständnis, wie wir Menschen es beherrschen. Daher wird es „[a] mouth without a brain" (Hutson 2021) bewertet. Erst seit November 2021 bietet OpenAI den direkten Zugang (ohne Warteliste) zu GPT-3 über eine Schnittstelle bzw. den sogenannten „Playground" an (https://openai.com/), allerdings unter gewissen Auflagen. Die Sorgen um die missbräuchliche Nutzung dieser Modelle haben in der frühen Phase der Entwicklung dieser Modelle den Zugang stark eingeschränkt. Diese Diskussion dauert bis heute an.

Das Akronym GPT steht für ein künstliches neuronales Netz mit dem Namen Generative Pretrained Transformer Modell. Es handelt sich hierbei um ein Deep-

Learning System auf Basis der Transformer-Architektur von Google. Diese Architektur hat den Vorteil, dass Eingabedaten mit ihrem Kontextbezug über sogenannte Attention-Mechanismen verarbeitet werden können. Auf diese Weise können z. B. Wörter im Kontext eines Satzes interpretiert werden und eine begrenzte lokale Kohärenz hergestellt werden.

Das unter den aktuellen KI-Sprachmodellen dominierende GPT-3 wurde mit 45 Terabyte Daten trainiert, was den Ressourceneinsatz und Investitionsbedarf bei der Entwicklung derartiger Modelle eindrucksvoll widerspiegelt. Der generative Ansatz dieses Modell bedeutet, dass bei der Generierung von Text kein „Copy&Paste" aus vorhandenen Textbausteinen erfolgt, sondern eine eigenständige Textgenerierung über das künstliche neuronale Netz, das menschliche Denk- und Argumentationsmuster versucht „abzubilden" bzw. imitiert. GPT-3 kann „den Zusammenhang von 2000 vorherigen Begriffen in Betracht ziehen und daraus mithilfe von 175 Milliarden Variablen die statistisch wahrscheinliche Fortsetzung eines Satzes berechnen und solcherart mit einer endlichen Menge an Regeln fast unendlich viele sehr sinnvoll klingende Sätze bilden" (Boldt 2021).

Der primäre Mechanismus, mit dem generative Sprachmodelle wie GPT-3 dieses Ziel erreichen, besteht darin, dass sie (selbständig) lernen, wie Textsequenzen aufgebaut sind, die grammatikalisch korrekt sind und eine sinnvolle Bedeutung vermitteln, wobei der Kontext, in dem sie verwendet werden, berücksichtigt wird.

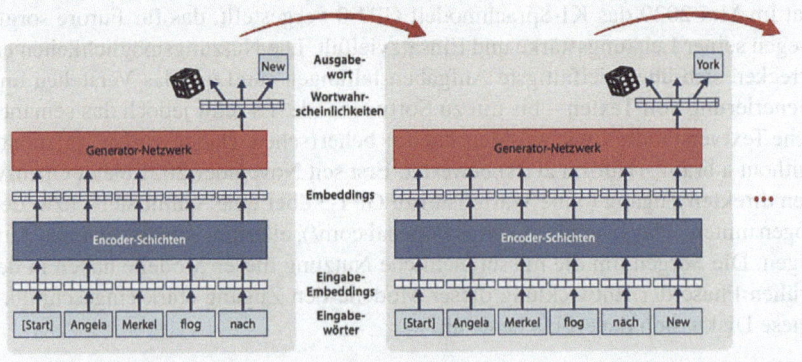

Abbildung 55: „Wörterwürfeln" mit GPT-3 (Quelle: Paaß, Gerhard (2022), S. 65).

Sie lernen, die beobachtete Sprache mit einer Reihe von Parametern zu verknüpfen, die die Struktur des generierten Textes bestimmen. Nach einem statistischen Auswahlprozess werden auf diese Weise Texte in kleinen Einheiten nach und nach autoregressiv generiert. Sie stellen keine Plagiate dar, sondern sind Unikate. Hinzu kommt, dass sie in nahezu beliebigen Sprachstilen und Sprachen verfasst werden können. Der Mechanismus von GPT-3 wird in Abbildung 55 graphisch dargestellt und erläutert (Paaß 2022, S. 65).

Die Einsatzgebiete von KI-Textgeneratoren sind sehr vielfältig und konzentrieren sich derzeit auf das Generieren, Verarbeiten und „Verstehen" von Texten. Neben strukturierten Texten wie z. B. Wetter-, Sport- und Finanznachrichten können auch Gliederungen, Einleitungen, Zusammenfassungen bis hin zu Blogbeiträgen und kreativen Texten wie z. B. Marketing-Slogans generiert werden. Für diese Einsatzzwecke steht eine kontinuierlich wachsende Fülle leistungsstarker Tools bereit, die in der Regel auf Modellvarianten von GPT-3 basieren. Es gibt darunter auch sehr niedrigschwellige und teilweise kostenlose Tools, für die ein Browser reicht, so z. B. Textsynth (Bellard 2020) des französischen IT-Spezialisten Fabrice Bellard. Hinzu kommen Speziallösungen wie die App Philosopher.ai (Murat 2020) für Texte mit einem eher philosophischen Hintergrund. Im Gegensatz dazu haben sich Anbieter erfolgreich am Markt etabliert, die sehr umfangreiche Tool-Plattformen für unterschiedlichste Anwendungsgebiete anbieten, so z. B. Headlime.com (*Headlime*) oder auch Copy.ai (*copy.ai*). Beide Plattformen sind einsetzbar in vielen Sprachen, sowohl für die Eingabe von Text wie auch den zu generierenden Text.

Die aktuelle Entwicklung aus Sicht des Jahres 2022 zeigt, dass beim Einsatz der KI-gestützten Schreibwerkzeuge für den Anwender ein zunehmend ausgereifter Prozessablauf angeboten wird, der den Schreibprozess wie ein roter Faden vom Input bis zum Endergebnis steuert. Die Abbildung 56 zeigt das Arbeiten mit dem neuen First Draft Wizard für Blogbeiträge vom Anbieter copy.ai (*copy.ai*). Der

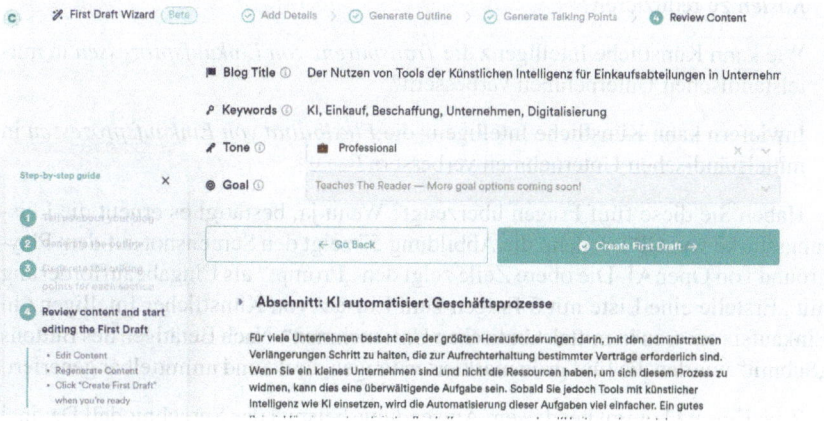

Abbildung 56: Screenshot Copy.AI First Draft Wizard, generiert am 7.4.2022.

neue „Step-by-step-guide" (siehe linke Box) führt den Anwender hoch automatisiert schrittweise vom einzugebenden Titel des Blogs, einigen Keywords und dem auszuwählenden Sprachstil (Anmerkung: weitere Eingaben sind nicht notwendig) direkt zum ersten Entwurf.

Um die Leistungsstärke der KI-gestützten Textgenerierung bewerten zu können, hier der letzte Abschnitt des vollständig automatisch generierten Blogbeitrags, der als Fazit die besonderen Chancen des KI-Einsatzes in Einkaufsabteilungen betont:

„Fazit: KI hilft Einkaufsteams, ihre Daten zu verwalten und bessere Entscheidungen zu treffen.

Die Vorteile von Tools der künstlichen Intelligenz für Einkaufsabteilungen in Unternehmen sind vielfältig und werden mit dem Wachstum Ihres Unternehmens wachsen. Unabhängig davon, ob Sie ein Startup im Bereich der Beschaffung oder ein alteingesessenes Unternehmen sind, möchte ich Sie ermutigen, die Vorteile der Integration von KI in Ihre Abläufe zu berücksichtigen. Wenn Sie sich mit einem KI-gestützten Tool ausstatten, können Sie bessere Entscheidungen treffen und Ihre Geschäftsprozesse zeitnaher gestalten. Das Ergebnis? Mehr Zeit für die strategische Planung und weniger Zeit für manuelle Tätigkeiten."

Einkaufsprozesse und Künstliche Intelligenz – neue Einblicke

Bei der Untersuchung des Einsatzes von Künstlicher Intelligenz in Einkaufsprozessen in mittelständischen Unternehmen stellen sich primär diese fünf Fragen:

- Wie kann Künstliche Intelligenz die *Effizienz* von Einkaufsprozessen in mittelständischen Unternehmen verbessern?

- Inwiefern kann Künstliche Intelligenz die *Qualität von Einkaufsentscheidungen* in mittelständischen Unternehmen verbessern?

- Wie können mittelständische Unternehmen Künstliche Intelligenz nutzen, um *Kosten* zu reduzieren?

- Wie kann Künstliche Intelligenz die *Transparenz von Einkaufsprozessen* in mittelständischen Unternehmen verbessern?

- Inwiefern kann Künstliche Intelligenz die *Flexibilität von Einkaufsprozessen* in mittelständischen Unternehmen verbessern?

Haben Sie diese fünf Fragen überzeugt? Wenn ja, bestätigt es erneut die Leistungsstärke von GPT-3, denn die Abbildung 57 zeigt den Screenshot auf dem Playground von OpenAI. Die obere Zeile zeigt den „Prompt" als Eingabeaufforderung mit „Erstelle eine Liste mit 5 Fragen zum Einsatz von Künstlicher Intelligenz in Einkaufsprozessen in mittelständischen Unternehmen". Nach Betätigen des Buttons „Submit" wurden die fünf grün markierten Fragen direkt und unmittelbar generiert.

Zum Einsatz kommt bei diesem Anwendungsbeispiel das Sprachmodell Davinci als ein besonders leistungsstarker Vertreter der vier Modelle aus der GPT-3-Mo-

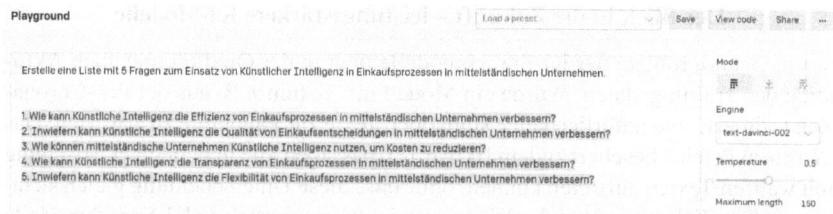

Abbildung 57: Screenshot Playground OpenAI, https://beta.openai.com/playground/p/default-interview-questions?model=text-davinci-002, Aufruf: 1.4.2022.

dellfamilie. Dieses Beispiel zeigt, dass mit konkreten Instruktionen auch bereits erste Aufgabenstellungen, die auf Textgenerierung beruhen, erfolgreich KI-gestützt bearbeitet werden können.

Die multimodale Welt mit GPT-3 im Marketing – ein Beispiel

Wer KI-gestützte Tools für das Marketing sucht, kann auf dieser Website: https://victorytale.com/best-ai-copywriting-tools/ (Anansakunwat 2022) einen Vergleich von 9 Tools studieren, die auf GPT-3 basieren. Darunter verbirgt sich auch das Tool writecream (*writecream*), das neben der Textgenerierung bereits den Weg in die multimodale Zukunft beschreitet. Neben der Generierung von Audiosequenzen („Voiceover") in vielen Sprachen und auszuwählenden Stimmen werden auch Grafiken generiert, die auf Basis einer einzugebenden URL generiert werden. Nach Eingabe der URL des Bundesverbands Materialwirtschaft, Einkauf und Logistik e. V. (BME) (https://www.bme.de/der-bme/) erstellt der „Image Icebreaker" diverse Vorschläge. Die Grafik in Abbildung 58 stellt ein beispielhaftes Ergebnis dar.

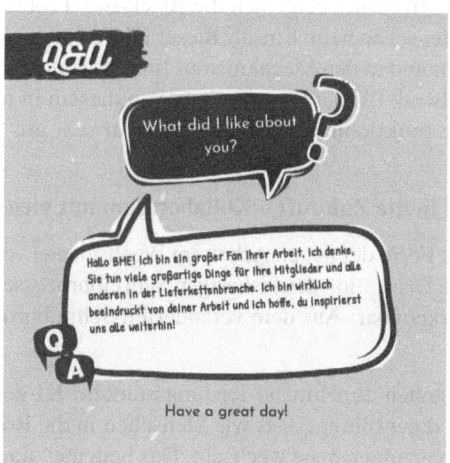

Abbildung 58: Feature „Image Icebreaker", https://www.writecream.com/, generiert am 4.3.2022 nach Eingabe der URL: https://www.bme.de/der-bme/.

Der Blick in die Zukunft – leistungsstärkere KI-Modelle

Ein Grundproblem der KI-Sprachmodelle liegt in der Qualität und auch Aktualität der Trainingsdaten. Wurde ein Modell mit Texten z. B. aus der Prä-Corona-Zeit trainiert, sind natürlich keine sinnvollen Texte zur Pandemie zu erwarten. Das „Wörterwürfeln" beschert zudem fiktive Textpassagen, die in beliebiger Mischung mit wahren Texten auftreten können, ohne dass diese Unterscheidung gleich sichtbar ist. Die Zielsetzung bei der Weiterentwicklung generativer KI-Sprachmodelle besteht daher darin, faktentreue(re) Texten zu generieren. Hierzu werden intelligente und ressourcenschonende Suchmechanismen integriert und teilweise auch Suchergebnisse als Belege bereitgestellt. DeepMind bietet mit dem Sprachmodell RETRO ein Modell mit Datenbankrecherche für einen Faktencheck an. *Ähnlich dazu forscht OpenAI mit WebGPT an einem Modell, das auf GPT-3 basiert und zusätzlich eine Websuche mit abdecken soll (Paaß 2022, S. 64).*

Ein weiterer Qualitätssprung wird von dem Pathways Language Model (PaLM) von Google erwartet. Dieses Transformer-Modell, kurz „540B" genannt, umfasst 540 Milliarden Parameter. Es glänzt neben Sprachverständnis und Textgenerierung auch mit Rechenkünsten und der angeblichen Fähigkeit, Humor erkennen zu können. Als Durchbruch im logischen Schlussfolgern (Reasoning) wird bewertet, dass PaLM auf Input-Prompts mit Antworten reagiert, die Gedankenketten abbilden (Chain-of-Thought-Prompting). Diese Stärke zeigt sich u. a. bei Rechenaufgaben. Hier führt das Modell schrittweise die Zwischenergebnisse bis zur Lösung auf (Hahn 2022). Das PaLM-Modell basiert auf dem Pathways-Systems zur Orchestrierung verteilter Berechnungen (Narang und Chowdhery 2022). Dieser Ansatz nutzt ein asynchrones, verteiltes Datenflussdesign, das neue Arten von Parallelisierung erlaubt und damit besonders effizient ist (Barham et al. 2022).

Trotz all dieser Fortschritte zeigt sich die Black-Box-Problematik und das Unwohlsein von uns Menschen beim Einsatz dieser KI-Technologien. „Man kann den Vorhang nicht lüften und in den Mechanismus hineinschauen. Sie bieten keine Erklärung, kein Regelwerk für die Umwandlung von diesem in jenes – keine Theorie, kurz gesagt. Sie funktionieren einfach, und zwar sehr gut" (Spinney 2022).

Der Blick in die Zukunft – Kollaboration mit vielen Fragen

Die kollaborative Form der neuen Arbeit im Wechselspiel von Mensch und Maschine wirkt wie die Disruption des bisherigen Schreibprozesses. Aber der nächste Schritt ist bereits erkennbar: Aus dem veränderten Schreibprozess wird der neue Arbeitsprozess.

Uns Menschen stehen zunehmend leistungsstärkere KI-gestützte Werkzeuge zur Verfügung, die dazu führen, dass wir Menschen in die Rolle eines „machine leader" auf die Managementebene wechseln. Das bedeutet, dass wir die operative Ebene verlassen und das eigentliche Doing der KI überlassen. Diese gravierende Prozessänderung wirft neue und sehr grundsätzliche Fragen auf:

Haben wir am Ende noch eine Qualitätskontrolle, die wir Menschen durchführen können oder auch durchführen wollen? Wenn die Algorithmen im KI-Zeitalter für uns nicht mehr transparent sind, haben wir ein „Black-Box"-Problem, weil wir nur das Ergebnis sehen, aber nicht den Weg dorthin nachvollziehen können.

Es stellt sich dann die Frage: Wer verantwortet das Ergebnis? Wir können nicht die KI haftbar machen. Bisher haben wir den gesellschaftlichen Konsens, dass der Mensch haftet, aber bei der Entwicklung und Nutzung von KI-Werkzeugen tritt der Mensch in vielen verschiedenen und zugleich neuen Rollen auf. Das erhöht die Komplexität des Prozesses.

Fazit

Abschließend gilt festzuhalten, dass wir eine normative Orientierung benötigen für eine produktive Zusammenarbeit zwischen Mensch und Maschine. Eine, die weder die dystopischen Gefahren übertreibt, noch die vermeintlichen Vorteile naiv überhöht. Erforderlich ist ein gesetzlicher Rahmen, der festlegt, wann und wie KI eingesetzt werden darf und der die bisher fehlenden Verantwortlichkeiten klar definiert. Dazu gehört dazu auch die Kennzeichnungspflicht beim Einsatz besonders leistungsstarker KI-Textgeneratoren (Weßels 2021).

8.2 Künstliche Intelligenz und Paper Mill auf dem Vormarsch – Die stille Bedrohung

(Wilfried Krokowski)

Künstliche Intelligenz dringt unbemerkt und immer häufiger in unser Leben ein. KI wird auch das moderne Supply Chain Management und unsere Lieferantenstrategie beeinflussen.

„Noch vor wenigen Jahren hatten wir Menschen die Hoheit über Sprache und Text. Wer als Autorin oder Schriftsteller, als menschliches Individuum also, erfolgreich sein wollte, benötigte zwingend ein Mindestmaß an Talent. Die Zeiten sind vorbei. Die Welt ist im Umbruch." Dies ist der Einführungstext eines Artikels von Frau Doris Weßels, Professorin für Wirtschaftsinformatik an der FH Kiel in ihrem Beitrag in der Ausgabe „Die Zeit" vom 26. August 2021.

In diesem Beitrag beschreibt Frau Weßels die Gefahren, die durch Gestaltung von KI-generierten Texten im wissenschaftlichen Bereich ausgehen. Plagiate können damit umgangen werden und die Frage der geistigen Urheberschaft bleibt unbeantwortet. „Anonyme" Texte und „quasi"-wissenschaftliche Berichte können dazu missbraucht werden, gesellschaftliche Stimmungen und Meinungen zu steuern und zu beeinflussen.

Ein weiterer Hinweis gab mir den Anlass, mich mit dem Thema KI und Supply Chain auseinanderzusetzen. Das Stichwort heißt: Paper Mill. Nein, keine Papierfabrik, sondern eine Form der Meinungsbeeinflussung mittels fingierter wissenschaftlicher Berichte.

Gemäß Dr. Shweta Murudkar (Enago Academy – Enago ist ein wissenschaftlicher Lektorat-Service mit Hauptsitz in Indien) „ist Paper Mill eine potenziell illegale Organisation, die betrügerische wissenschaftliche Manuskripte produziert und verkauft, die von Ghostwritern auf Bestellung geschrieben wurden! Forscher, die Veröffentlichungen benötigen, um ihre Karriere voranzutreiben oder institutionelle Kriterien für eine Beförderung zu erfüllen, kaufen publikationsreife Manuskripte. Der Dienst ist rein gewinnorientiert. Forscher zahlen hohe Summen für Autorenschaften an einreichungsfertigen Manuskripten." Die meisten Paper Mill-Dokumente haben ihren Ursprung in China.

Wie weit heute die künstliche Intelligenz im schreibenden Bereich fortgeschritten ist und was es mit dem Supply Chain Management und Einkauf zu tun hat, zeigt das nachfolgende Beispiel. Hier ein kurzer Fachbeitrag mit angeschlossenem Interview mit einem Einkaufsexperten zum Thema „Global Sourcing":

GLOBAL SOURCING – Ein Interview mit Fachexperte: Dr. Roland Mustermann

Inhalt des Interviews ist es, die Bedeutung der Chancen des Global Sourcing und die damit verbundenen Risiken und die Möglichkeiten zur Überwindung der Hindernisse zu erörtern.

Es gibt einige Gründe, warum Global Sourcing wichtig ist. Der erste Grund ist, dass die Unternehmen dadurch Geld sparen können. Durch die Beschaffung von Produkten aus anderen Ländern können Unternehmen von niedrigeren Arbeitskosten und billigeren Materialien profitieren, darüber hinaus kann die globale Beschaffung Unternehmen helfen, ihr Risiko zu verringern. Durch die Beschaffung von Produkten aus einer Vielzahl von Ländern können Unternehmen ihre Abhängigkeit von einem einzigen Lieferanten oder Land verringern. Dies kann dazu beitragen, Unternehmen vor Unterbrechungen der Lieferkette zu schützen und schließlich kann die globale Beschaffung Unternehmen dabei helfen, ihre Reichweite auf neue Märkte auszudehnen. Durch die Beschaffung von Produkten aus neuen Ländern können Unternehmen neue Märkte erschließen und ihr Geschäft ausbauen.

Das Interview im Detail, geführt am 2. Februar 2022 mit dem Einkaufsexperten Dr. Roland Mustermann.

Reporter: Es gibt einige Gründe, warum Global Sourcing wichtig ist.

Dr. Roland Mustermann:

- *Kosteneinsparungen*: Durch die Beschaffung von Produkten und Dienstleistungen aus der ganzen Welt können Unternehmen oft kostengünstigere Alternativen finden, was zu erheblichen Kosteneinsparungen führen kann.
- *Zugang zu einer breiteren Palette von Produkten und Dienstleistungen*: Durch die Beschaffung aus einer Vielzahl von Ländern können Unternehmen auf ein viel breiteres Angebot an Produkten und Dienstleistungen zugreifen, als sie es könnten, wenn sie nur von inländischen Anbietern beziehen würden.

- *Verbesserte Qualität und Vielfalt*: Durch die Zusammenarbeit mit Lieferanten aus verschiedenen Teilen der Welt können Unternehmen von einer verbesserten Qualität und Vielfalt von Produkten und Dienstleistungen profitieren.
- *Verstärkter Wettbewerb*: Durch die Beschaffung aus einer Vielzahl von Ländern können Unternehmen den Wettbewerb unter den Lieferanten erhöhen, was zu niedrigeren Preisen und besserer Qualität führen kann.

Reporter: Was sind die Risiken?

Dr. Roland Mustermann:

- *Sprachbarrieren*: Wenn ein Unternehmen Produkte oder Dienstleistungen von einem Lieferanten aus einem anderen Land bezieht, können Sprachbarrieren die Kommunikation erschweren.
- *Kulturelle Unterschiede*: Wenn ein Unternehmen mit Lieferanten aus verschiedenen Teilen der Welt zusammenarbeitet, kann es kulturelle Unterschiede geben, die zu Missverständnissen führen können.
- *Politische und wirtschaftliche Instabilität*: Es besteht immer das Risiko, dass politische oder wirtschaftliche Instabilität in einem fremden Land zu Lieferunterbrechungen oder erhöhten Kosten führen kann.

Reporter: **Welche Risiken birgt die Beschaffung von Produkten von einem einzigen Lieferanten?**

Dr. Roland Mustermann:

- *Lieferunterbrechungen*: Wenn ein Unternehmen bei einem kritischen Produkt oder einer kritischen Dienstleistung von einem einzigen Lieferanten abhängig ist, besteht das Risiko einer Lieferunterbrechung, wenn bei diesem Lieferanten ein Problem auftritt.
- *Geringere Flexibilität*: Wenn ein Unternehmen von einem einzigen Lieferanten abhängig ist, kann es bei Bedarf weniger flexibel zu einem anderen Lieferanten wechseln.
- *Höhere Kosten*: Wenn ein Unternehmen nur einen einzigen Lieferanten hat, kann es Gefahr laufen, höhere Preise zu zahlen, wenn dieser Lieferant beschließt, seine Preise zu erhöhen.

Reporter: **Wie können Unternehmen die Risiken von Global Sourcing-Aktivitäten überwinden?**

Dr. Roland Mustermann:

- *Sorgfältige Auswahl der Lieferanten*: Unternehmen sollten ihre Lieferanten sorgfältig auswählen und mit der gebotenen Sorgfalt prüfen, ob sie seriös und zuverlässig sind.
- *Klare Erwartungen formulieren*: Die Unternehmen sollten klare Erwartungen an ihre Lieferanten stellen und sicherstellen, dass beide Parteien die Bedingungen der Geschäftsbeziehung verstehen.
- *Haben Sie einen Ersatzplan*: Wenn ein Unternehmen bei einem kritischen Produkt oder einer wichtigen Dienstleistung von einem einzigen Lieferanten abhängig ist, sollte es einen Ausweichplan für den Fall einer Lieferunterbrechung bereithalten.

- *Regelmäßige Überprüfung der Lieferanten*: Unternehmen sollten ihre Lieferanten regelmäßig überprüfen, um sicherzustellen, dass sie den Anforderungen des Unternehmens weiterhin gerecht werden.

Dr. Ronald Mustermann – Einkaufsexperte zum Thema Global Sourcing

Nichts von diesem Fachbeitrag stammt aus der Feder oder dem Gehirn eines Menschen. Der Text ist mittels einschlägiger Software von einer künstlichen Intelligenz erstellt worden. Lediglich die Worte: „Global Sourcing – Bedeutung – Lieferant – Risiken – Chancen und Barrieren" reichten aus, damit der Computer den oben aufgeführten Bericht erstellen konnte. Beängstigend dabei ist die Genauigkeit und der fundierte Inhalt, jeder Experte im Bereich Global Sourcing würde den Aussagen der KI voll zustimmen und einen Menschen hinter dem Beitrag vermuten.

Doch weit gefehlt, alles stammt aus den unendlichen Tiefen der verschiedensten Datenbanken und mittels intelligenter Algorithmen durch eine NLP-Software (Natural Language Processing) zu sinnvollen Textblöcken zusammengestellt. Selbst das Foto des Autors „Dr. Ronald Mustermann" ist ein Phantasieprodukt und diese Person mit den charakteristischen Gesichtszügen ist ebenfalls ein Produkt der künstlichen Intelligenz, eine Person und ein Foto, das es so in der Wirklichkeit nicht gibt.

Schauen wir nun mit diesem Wissen einige Zeit nach vorn (hier meine ich Monate und Jahre und nicht Jahrzehnte). Produktstudien zu gewissen Materialien, Lieferantenbeurteilungen, Aussagen zu Produktmerkmalen, Erfahrungsberichte, Blogs, Chats und vieles mehr können ebenfalls Produkt der KI sein, ohne dass wir es merken. Diese Gefahr wird wachsen, je mehr sich der Mensch auf schriftliche Angaben und Aussagen bzw. Beurteilungen aus dem Internet verlässt. Wie oben erwähnt, sind selbst wissenschaftliche Studien nicht mehr ein Garant an Neutralität und Objektivität.

Das Aufspüren zweifelhafter Dokumente ist keine leichte Aufgabe. Bei diesen „fingierten" Texten und Berichten versagt selbst die einschlägige Plagiatssoftware, denn es handelt sich nicht um Plagiatstexte im klassischen Sinne. In Zukunft wird mehr denn je die Vertrauenswürdigkeit von Quellen im Mittelpunkt stehen, obwohl in der heutigen Zeit manche Menschen einer Suchmaschine und dem Internet mehr vertrauen als Aussagen von langjährigen Mitarbeitern und Experten, die aus ihrem eigenen Erfahrungsschatz schöpfen und berichten.

Daher gilt der alte Spruch von Lenin in der heutigen und zukünftigen Zeit umso mehr:

„Vertrauen ist gut, Kontrolle ist besser!"

Jeder kann sich selbst ausmalen, welche Risiken hinter der KI stecken. Es wird Zeit, sich ernsthaft und zeitnah mit diesem Thema auseinanderzusetzen.

9. Zusammenfassung

Die Digitalisierung des Einkaufsprozesses ist ein wichtiger Teil der digitalen industriellen Transformation. In der heutigen Zeit ist es für Unternehmen essentiell, ihre Prozesse zu verbessern und die Digitalisierung voranzutreiben. Der Einkauf ist ein Bereich, in dem sich diese Themen besonders gut verbinden lassen. Durch geeignete Prozessoptimierungen und die Durchführung von intelligenten Digitalisierungslösungen im Einkauf können Unternehmen ihre Produktivität und den Kundenwert steigern. Dazu gehört auch, die Dienstleistungen von Partnern einzubinden und von deren Erfahrungen zu profitieren.

Bei der Abwägung, ob eine Digitalisierung sinnvoll ist, müssen die Vorteile des neuen Systems gegen alle Aufwendungen und Kosten abgewogen werden. Die Digitalisierung darf nie Selbstzweck sein. Wenn der Aufwand den Nutzen übersteigt, macht die Digitalisierung keinen Sinn. Die Herausforderung besteht darin, den Aufwand und die Kosten in einem vernünftigen Rahmen zu halten. So mag es zwar verlockend erscheinen, durch die Optimierung und Automatisierung von Prozessen Aufwand und Geld zu sparen, aber auch das kann später zu Problemen führen – etwa wenn wir feststellen, dass die Software nicht so reibungslos läuft, wie wir uns das vorgestellt haben, oder wir mit der Digitalisierung die Sicherheitsstandards im IT-Bereich gefährden (Stichworte: offene Systeme, Cyber-Kriminalität, störanfällige Funkstrecken, schlecht geschützte Cloud-Systeme oder auch der zunehmende Einsatz von 5G).

In diesem Buch ging es den Autoren darum, den Nutzen und die Risiken von digitalen Lösungen im Einkaufsbereich, unterlegt mit praktischen Best-Case-Beispielen mittelständischer Unternehmen, anschaulich darzustellen. Das Rad muss nicht neu erfunden werden, die im Buch aufgeführten Beispiele zeigen, dass mit dem richtigen Dienstleister digitale Lösungen schnell und risikolos umgesetzt werden können. Die Aufwendungen halten sich in Grenzen und die Umsetzung kann in einem überschaubaren Zeitraum erfolgen. In diesem Buch können nur einige Beispiele aufgeführt werden; natürlich gibt es weitere digitale Lösungen, die für Unternehmen nützlich und sinnvoll sind.

Die hier aufgeführten Beispiele von der digitalen Implementierung in Einkaufsprozesse über digitale Logistiksysteme bis hin zu 3D-Drucklösungen können daher nur einen Teilbereich des gesamten Themas darstellen, sind aber beispielhaft für innovative Konzepte im Zeitalter des zunehmenden digitalen Einkaufs, in dessen Mittelpunkt aber nach wie vor und auch in Zukunft der Mensch eine zentrale Rolle spielen wird.

Durch die Digitalisierung der Einkaufsprozesse können bestehende Abläufe gestrafft und administrative Tätigkeiten reduziert werden, was dem Unternehmen Zeit und Geld spart und die Wettbewerbsfähigkeit erhöht.

Wie sagte John D. Rockefeller einst:

„Wenn du Erfolg haben willst, musst du neue Wege einschlagen."

10. Checklisten

10.1 Checkliste für das C-Teile-Management

Die Checkliste leistet zweierlei. Zum einen ermöglicht sie eine strukturierte Bestandsaufnahme des bisherigen Umgangs mit C-Teilen. Zum anderen hilft sie bei der Planung eines zukunftsorientierten Beschaffungssystems für diese Artikel.

1. Grobanalyse

Kundenkontaktinformationen

Firma, Ansprechpartner, Adresse, Telefonnummer, E-Mailadresse etc.

Definition der C-Teile

Größe des definierten Artikelumfangs, Unterteilung des Sortiments
Sind Veränderungen geplant (z. B. Produktbereinigungen)?

Klärung des Handlings/der Zuständigkeiten

Bedarfsermittlung, Anfragen, Angebote auswerten, Preisverhandlungen, Bestellungen auslösen, Terminüberwachung, Wareneingang, Qualitätskontrolle, Einlagerung, Bereitstellung, Rechnungskontrolle, Bezahlung, Inventur, Lieferantenauswahl, Lieferantenbewertung

Sind Veränderungen geplant (wie z. B. Outsourcing)?

Klärung der Lagereinrichtung

Anzahl der Regale, Art des Regalsystems, Standort der Regale
Sind Veränderungen geplant (wie z. B. Systemwechsel)?

Festlegungen zum Lieferservice

Ort und Art der C-Teile-Übergabe, Lieferrhythmus
Sind Veränderungen bezüglich des Services geplant?

Warenwirtschaft und Datenorganisation

Art des Warenwirtschaftssystems, Übermittlungsart

Sind Veränderungen bezüglich der Datenorganisation geplant?

Abrechnungssysteme

Form der Rechnungslegung, Abrechnungsart

Sind Veränderungen geplant (z. B. Sammelrechnung)?

2. Detailanalyse

Abteilung: Buchhaltung

Mitarbeiterzahl, Rechnungen pro Tag, Buchungen, Anzahl Rechnungsprüfungen, Aufgabenbeschreibung allgemein (Rechnungseingang/-buchung/-prüfung/-ablage), Aufwandsverteilung (Wie viele Mitarbeiter beschäftigen sich mit Rechnungen, Buchungen und Prüfungen?)

Abteilung: Wareneingang/Zentrallager

Mitarbeiterzahl, Einlagerungen pro Tag, Paletten pro Tag, Behälter pro Tag, Auslagerungsprozesse bis Palette leer, Auslagerungsprozesse bis Behälter leer, Anzahl Flurfahrzeuge, Anlieferungen pro Tag, Positionen pro Anlieferung, Anzahl umgelagerter Positionen, Anzahl Speditionen, Anzahl JIT-Lieferanten, Anzahl Mengenkontrollen, Anzahl Sichtkontrollen, Aufgabenbeschreibung allgemein (Einlagerung und Auslagerung), Organisation innerbetrieblicher Transport zum Fertigungslager/Handlager, Aufwandsverteilung ABC-Teile. Welche Strecken müssen zurückgelegt werden? Aufteilung nach standardisierten und nicht standardisierten Bedarfen. Sind alle Artikel in EDV geführt beziehungsweise einzubuchen? Werden Umlagerungen und Umverpackungen vorgenommen? Wie oft werden Bestände überprüft und Inventuren durchgeführt? Wie funktionieren das Lager und das Kommissionierungssystem? Kosten pro Lagerfläche in €/pro qm nach Lagertypen, Kapitalbindung des Lagerbestands. Wie werden Mengen und Qualitätsprobleme bearbeitet und mit welchem System? Anzahl der Mengen und Qualitätsprobleme. Werden Fahrten für den Kauf und die Abholung von C-Teilen organisiert und in welcher Anzahl? Wann, wie und durch wen erfolgt die Einlagerung der Ware, wo wird die Ware eingelagert?

Abteilung: Qualitätssicherung

Mitarbeiterzahl, Anzahl Stichprobenprüfungen, Anzahl Detailprüfungen, Anzahl Beanstandungen, Anzahl JIT-Lieferanten ohne Prüfungen, Anzahl unterschiedliche Prüfverfahren, Aufgaben- und Organisationsbeschreibung allgemein, Qualitätsprüfung nach standardisierten und nichtstandardisierten Bedarfen? Gibt es vorgeschrieben Prüfverfahren für bestimmte Artikel? Aufwandsverteilung für ABC-Teile. Wie werden die Prüfungen dokumentiert und bewertet, werden Wiederholungsprüfungen durchgeführt? Ursachen der Beanstandungen bei C-Teilen. Wie erfolgt die Kennzeichnung der mangelhaften Ware? Wann, wie und durch wen wird mit der mangelhaften Ware weiter verfahren?

Abteilung: Einkauf/Disposition

Mitarbeiteranzahl Einkauf, Mitarbeiteranzahl Disposition, Anzahl Abrufe pro Tag, Anzahl Nachdispositionen pro Tag, Einkaufsvolumen, Artikelanzahl gesamt, Anzahl Lieferanten, Anzahl Lieferanten pro gleichem Artikel, Anzahl Bestellungen/Tag, Anzahl Anfragen/Tag, Namen und Struktur der C-Teile-Lieferanten (Hersteller/Händler), hinterlegte Konditionen für C-Teile-Lieferanten, Lieferzeiten für C-Teile-Lieferanten, Aufgabenbeschreibung allgemein, Aufwandsverteilung der ABC-Teile. Wer löst Bedarf aus und wie ist der Informationsfluss? Aufteilung nach standardisierten und nicht standardisierten Bedarfen. Sind alle Artikel in der EDV geführt? Wie werden Anfragen bearbeitet, Lieferanten ausgewählt und in welchem Lieferanten-System? Werden Auftragsbestätigungen erstellt oder existiert ein Auftragsbestätigungssystem? Werden Fahrten bezüglich Kauf und Abholung von C-Teilen organisiert? Wenn ja, wie viele und gibt es Sonderfahrten? Werden Kleinmengen mit geringen Auftragswerten bei unterschiedlichen Lieferanten bestellt und zu welchen Auftragswerten? Wo steckt der größte Aufwand (z. B. Terminvereinbarung, Überwachung, Liefertreue)? Wie wird die Disposition ausgelöst und wie ist der Informationsfluss? Sind alle Artikel in der EDV-geführt (EDV-Liste mit Bestand, Verbrauch, Lieferant, Lieferzeit, Warenbestand, Reichweite, Bestellvorschlag usw.)?

10.2 Checkliste für AR/MR Reality in der Supply Chain

Ziel der hier aufgeführten Fragen ist die Standortbestimmung des eigenen Unternehmens im Bereich AR/MR Reality (hier im Besonderen: Virtuelle Qualitätsinspektionen/Trouble Shooting und Lieferantenaudits) im internationalen Umfeld. Die Beantwortung der Fragen soll dem Unternehmen Hilfestellung bieten, das komplexe Thema strukturiert und erfolgreich im eigenen Unternehmen einführen und umsetzen zu können.

1. Strategische Ausrichtung

In welchen Bereichen ist angedacht, „Virtuelle Serviceleistungen" einzusetzen?

- Lieferantenaudits
- Lieferantenbesuche allgemein
- Trouble Shooting bei technischen Problemen
- Qualitätsinspektionen
- Andere (welche)?

Inwieweit werden heute schon diese Art von Dienstleistungen durchgeführt (z. B. Dokumentation von Prozessen mittels Digitalkamera) und auf welchen Prozessen und Technologien kann aufgebaut werden?

Welche Ziele werden mit der Einführung von „Virtuellen Serviceleistungen" verfolgt?

- Reduzierung der Reisekosten und des Aufwandes?
- Bessere Dokumentation der Ergebnisse?
- Bessere Kommunikation mit den Leuten vor Ort und dem Lieferanten?
- Bessere Effektivität?
- Schnellere Reaktion und Lösung von Problemen?
- Andere (welche?)

Sind diese Aktionen eingebunden in einer unternehmensübergreifenden „Digitalen Strategie" (Stichwort Digitalisierung oder Industrie 4.0)?

In welchem Zeitraum sollen die ersten Themen umgesetzt werden?

Stehen in der Budgetplanung entsprechende Mittel (Projektkosten, Reisekosten, Kosten für Technik/Tools/Software, Kosten für Beratung etc.) für dieses Thematik zur Verfügung?

2. Voraussetzungen im eigenen Unternehmen

Gibt es unternehmensinterne Vorgaben über den Einsatz von bestimmten Technologien (z. B. Datenbrille, Tablet etc.) oder Software-Programmen (SAP-Portal, Datenbanken, VPN, MS-TEAMS, spezielle Apps etc.)?

An welchen IT-Schnittstellen sollen die „neuen virtuellen" Daten angedockt werden?

Ist festgelegt worden, welche Prozesse digital abgebildet werden sollen (z. B. Inspektionsdaten, Lieferanteninformationen, Checklisten, gewisse Testroutinen, Bewertung von Produktionsmitteln und Test-Facilities etc.)?

Gibt es ein Pflichtenheft für dieses Projekt?

Gibt es feste Ansprechpartner, die in diesem Projekt mitarbeiten?

Inwieweit werden externe Dienstleister (Qualitätskontrolle, Lieferantenaudit, Trouble Shooting) miteinbezogen und sind diese mit den internen Regularien vertraut?

3. Vertragliche Grundlagen mit den Lieferanten

Besteht ein entsprechender Passus in den Vertragsdokumenten mit den entsprechenden Lieferanten (Teil der NDA oder eines Rahmenvertrages oder Qualitätssicherungsvereinbarung)?

Ist dem Lieferanten mitgeteilt worden, welche Voraussetzungen er haben muss, um mit uns entsprechend effizient kommunizieren zu können (in welchen Bereichen, Internetzugang HighSpeed etc.)?

Liegen entsprechende Zusagen mit den ausgesuchten Lieferanten vor?

4. Lieferanten und Teile

Ist festgelegt worden, mit welchen Lieferanten und Teilen (und in welchen Ländern) das Projekt starten soll?

Gibt es einen Stufenplan, wie dann das Roll-out stattfinden soll?

Ist diese Festlegung zwischen allen beteiligten Abteilungen (Einkauf, Qualität etc.) im Hause (ggf. unter Einbeziehung der Leute vor Ort) abgestimmt worden?

5. Prozesse und Dokumente

Liegen die entsprechenden Prozessbeschreibungen und Dokumente vor und sind diese auch anwendbar (für die angedachten digitalen Abläufe)?

Sind die Unterlagen in englischer Sprache abgefasst?

Wie werden die Dokumente und Vereinbarungen abgelegt und verwaltet?

6. Schulungen

Ist ein entsprechendes Schulungskonzept angedacht und in welchen Stufen und mit welchen Teilnehmern soll es durchgeführt werden?

Sind die Lieferanten und Leute vor Ort in dem Schulungskonzept miteingebunden?

Wer soll die Schulungen durchführen?

Literaturverzeichnis

Anansakunwat, P. (2022, 11. März): 9 Best AI Copywriting Tools to Save Time and Costs. Victory Tale. https://victorytale.com/best-ai-copywriting-tools/. Zugegriffen: 3. April 2022.

Bankenverband, Kreditinstitute und Bankstellen, https://bankenverband.de/statistik/banken-deutschland/kreditinstitute-und-bankstellen/.

Barham, P./Chowdhery, A./Dean, J./Ghemawat, S./Hand, S./Hurt, D./Isard, M./Lim, H./Pang, R./Roy, S./Saeta, B./Schuh, P./Sepassi, R./Shafey, L. E./Thekkath, C. A./Wu, Y. (2022, 23. März): Pathways: Asynchronous Distributed Dataflow for ML. https://arxiv.org/pdf/2203.12533.

Bellard, F. (2020): Text Synth [Computer software]. https://bellard.org/textsynth/.

Boldt, K. (Welt am Sonntag, Hrsg.) (2021): Superhirn mit Mumm. 41, S. WR6. https://www.wiso-net.de/document/WAMS__972b9e9c3ba303d39886a677a34bf45a77d38bd1. Zugegriffen: 1. April 2022.

copy.ai [Computer software]. https://www.copy.ai/.

Deloitte, Lieferkettensorgfaltspflichtengesetz-LkSG, https://www2.deloitte.com/de/de/pages/sustainability1/articles/lieferkettensorgfaltspflichtengesetz-lksg.html.

ecom consulting, Die Marktplatzwelt 2020, https://www.ecom-consulting.de/marketplace-landscapes/.

Gille, D. (2010): Wirtschaftlichkeit von RFID-Systemen in der Logistik, Gabler-Verlag Wiesbaden.

Hahn, S. (2022, 7. April): 540 Milliarden Parameter: Googles KI-System kann Arithmetik und erkennt Humor. heise online. https://www.heise.de/news/540-Milliarden-Parameter-Googles-KI-System-kann-Arithmetik-und-erkennt-Humor-6664503.html. Zugegriffen: 8. April 2022.

Headlime [Computer software]: Headlime, Inc. https://headlime.com/.

Hutson, M. (2021): Robo-writers: the rise and risks of language-generating AI, Nature Publishing Group. 591, 22–25. https://www.nature.com/articles/d41586-021-00530-0. Zugegriffen: 1. April 2022.

Lorenzen, K. D./Krokowski, W. (201): Einkauf, Springer Gabler, ISBN 978-3-658-07221-6

Murat, A. (2020): Philosopher AI [Computer software]. https://philosopherai.com/.

Narang, S./Chowdhery, A. (2022, 04. April): Google AI Blog: Pathways Language Model (PaLM): Scaling to 540 Billion Parameters for Breakthrough Performance. Blogbeitrag, Google Research. https://ai.googleblog.com/2022/04/pathways-language-model-palm-scaling-to.html. Zugegriffen: 8. April 2022.

Paaß, G. (2022): Sprachversteher. GPT-3 & Co. texten überzeugend, aber nicht faktentreu. c't (9), 64–67.

RND-Redaktionsnetzwerk Deutschland, Wenzel, F. T. (2021): https://www.rnd.de/wirtschaft/corona-und-lieferengpaesse-bei-welchen-produkten-derzeit-mangel-herrscht-ENUKPSK7KJGQZHVVDEPEWM5TDI.html.

Spinney, L. (Guardian News & Media Limited, Hrsg.) (2022): Are we witnessing the dawn of post-theory science? https://www.theguardian.com/technology/2022/jan/09/are-we-witnessing-the-dawn-of-post-theory-science. Zugegriffen: 3. April 2022.

statista, Anzahl der Bankstellen in Deutschland in den Jahren 1957 bis 2020, https://de.statista.com/statistik/daten/studie/72095/umfrage/anzahl-der-bankstellen-in-deutschland/.

Tamm, G.: RFID-Information im Fokus, Springer, 2010, ISBN 978-3-6421-1459-5.

Ten Hompel, M.: Identifikationssysteme und Automatisierung, Springer, 2008, ISBN 978-3-540-75880-8.

Weigert, S. (2006): RFID in der Automobilindustrie, DUV Wiesbaden

Weinländer, M.: Industrielle Kommunikatioin, 2017, Beuth-VDE, ISBN 978-3-8007-4262-2.

Weßels, D. (2021): Mein Co-Autor, die Maschine. Die Zeit 35, 40. Die Position.

writecream [Computer software]: Writecream. https://app.writecream.com/.

Sachwortverzeichnis

3D-Druck 94, 96 ff.
3E-Blended-Learning 122 ff.
5G 117, 138

AB-Cockpit 35 ff.
Additive Fertigung 15, 94, 96, 102, 103, 107
AR 109 ff.
Aufschweißverfahren 98
Automatenversorgung 71
Automatisierung 16, 24, 27, 50, 55, 138

B2B 17, 28, 50
Bedienoberfläche 54
Belegerkennungstool 34, 35, 38
Beschaffungsprozess 75, 76, 88
Bestellplattform 54, 61
Binder Jetting 100

Cloud 14, 50, 138
CPS®miDROPSHIP 65 ff.
CPS®miLOGISTICS 63 ff.
CPS®miSTOCK 65 ff.
C-Teile-Management 64, 72, 77, 79, 84, 90, 140

Datenbrille 114 ff.
Digital Light Processing 100
Digitale Prototypen 24
Digitalisierung 13, 16, 19, 34, 52, 57, 59, 63, 94, 122, 138, 143

ECLASS 55, 56
EDI/EDIFACT 17, 27 ff.
Einkaufsportale 15
Einkaufsprozesse 23, 41, 43, 66, 130, 138
Elektronenstrahlschmelzen 98, 104
eProcurement 43, 44, 52, 53, 54, 57, 58, 61
ERP-System 31, 32, 37, 38, 44, 46, 53, 57 ff., 76, 82, 84,
Ersatzteilbeschaffung 15, 96, 107

Fused Deposition Modeling 99

Gel Dispensing Printing 100
GPT 127

ICR 17
Indirekte Beschaffung 46, 47, 52, 59
Industrie 4.0 21, 23, 63, 85
Innovationsscouting 23

Kanban 64 ff., 80 ff.
KI-Sprachmodell 127
KI-Textgeneratoren 129
Kosteneinsparungen 13, 52, 134
Künstliche Intelligenz 24, 94, 130, 133

Laserschmelzen 97, 98
Lieferantenaudit 110
Lieferantenintegration 43, 44, 63 ff.
Lieferantenkommunikation 16, 21, 24, 25, 37
Lieferantenmanagement 23, 94
Lieferketten 17, 48, 96, 108
Logistik 54, 63, 68, 70

Natural Language Processing 127

OCI 57, 62,
OCR 16, 17, 19, 25, 27, 33 ff.
On-Demand-Fertigung 102, 103, 108
One-Click-Order 54
Online-Audits 112
OpenAI 127, 130

PaLM 132
Paper Mill 95, 133 ff.
Playground 127, 130, 132
PolyJet-Verfahren 100
Predictive Analytic 24
Proof of Concept 24

Qualitätskontrolle 103, 104, 110, 133

Remote Assistance 15, 94, 109 ff.

RFID-Kanban 66, 80, 81, 84, 85, 87, 88, 90
RFID-Technologie 15, 66, 85, 90

Selective Absorption Fusion 100
Selektive Lasersintern 99
Stereolithographie 100
Supersonic 3D Deposition 98

Total Costs of Ownership 102

Transformationsprozess 95

UHF-Transponder 83, 84

Videokonferenzen 119 ff.

Weiterbildung Online 119 ff.
Werkzeugausgabesystem 15, 76, 77, 78
Wertschöpfungskette 21, 22, 48, 49, 64 ff., 96

Co-Autorinnen und Co-Autoren und Herausgeber

Co-Autorinnen und Co-Autoren

Dr. Elisabeth Bauer hat an der Universität Regensburg Romanistik und Informationswissenschaft studiert und dort in Forschung und Lehre gearbeitet. Nach dem Wechsel in die freie Wirtschaft war sie als PR-Referentin in der Sprachtechnologiebranche tätig, bis die Additive Fertigung sie 2014 bei der FIT AG in ihren Bann geschlagen hat.

Stephanie Boss ist im Bereich Marketing bei der Firma Würth Industrie Service tätig. Sie ist heute in ihrer Funktion als Leiterin Marketing für die Planung und Konzeption von Marketingstrategien sowie für die ganzheitliche Steuerung der Marketingaktivitäten und Kampagnen, online und offline, verantwortlich.

Nina Bride ist im Bereich Einkauf bei der Firma SEW-EURODRIVE tätig. Als Process Manager verantwortet sie die Themen rund um die Bereiche Lieferantenmanagement sowie Warengruppenmanagement. Im Rahmen der digitalen Transformation steuert sie aktiv Projekte, um die Einkaufsprozesse standortübergreifend zu harmonisieren und optimieren.

Carolin Hambrügge M.A., Director, G.P.S. Procurement (India) Pvt. Ltd., Chennai leitet seit 2006 die Bereiche Sourcing, Lieferantenmanagement und Qualitätskontrolle für Global Procurement Services auf dem indischen Markt. Während ihrer Tätigkeit für den deutsch-indischen Joint-Venture Partner der ebm-papst Gruppe konnte Frau Hambrügge zuvor umfangreiche Erfahrungen in den Bereichen Beschaffung, Import/Export und Vertrieb in Indien sammeln.

Michael Petri ist ein ausgewiesener Stratege im Bereich digitale Transformation. Seit 2021 verantwortet er zusammen mit Sebastian Wiese das operative Geschäft von simple system und leitet als Chief Commercial Officer (CCO) die Business Unit Commercial der gleichnamigen Plattform für indirekte Beschaffung.

Sarah Nabinger ist im Bereich Einkauf bei der Firma SEW-EURODRIVE tätig. Als Project Manager ist sie für die globale Prozessstandardisierung und -optimierung verantwortlich. Vor dem Hintergrund der digitalen Transformation steuert sie globale Rollout-Projekte im Bereich EDI und Proces Mining.

Pia Schmitt ist im Bereich Marketing bei der Firma Würth Industrie Service tätig. In ihrer Funktion ist sie für die Bereiche Onlinemedien sowie Presse- und Öffentlichkeitsarbeit mitverantwortlich.

Christian Schorndorfer war 20 Jahre in leitender Funktion bei der Firma Würth Industrie Service tätig, zuletzt als Geschäftsführer Vertrieb/Key Account und Innovative Systeme. Im Jahr 2018 wechselte Christian Schorndorfer als Geschäftsführer zur DÜRR DENTAL Global GmbH. Seit 2019 führt er im Vorstand der DÜRR DENTAL SE die Bereiche Vertrieb und Marketing.

Prof. Dr. Doris Weßels ist Professorin für Wirtschaftsinformatik mit den Schwerpunkten Projektmanagement und Natural Language Processing an der Fachhochschule Kiel. Seit 2018 richtet sich ihr KI-Forschungsfokus auf die Entwicklungen im Bereich Natural Language Processing (NLP). Sie leitet die Themengruppe „KI und Academic Writing" im KI-ExpertLab Hochschullehre des BMBF-geförderten Pilotprojektes KI-Campus und seit dem 1.9.2022 auch das Virtuelle Kompetenzzentrum „Schreiben lehren und lernen mit Künstlicher Intelligenz – Tools und Techniken für Bildung und Wissenschaft" (https://www.ki-schreiben-lehren-lernen.de/).

Herausgeber und Co-Autor

Dipl.-Ing. Wilfried Krokowski, Studium der Elektrotechnik in Verbindung mit einer kaufmännischen Ausbildung; über 45 Jahre Berufserfahrung in den Bereichen Einkauf, Supply Chain Management, Projektmanagement, Aufbau von Einkaufsorganisationen, Lieferanten- und Qualitätssystemen und dem Internationalen Einkauf. Seit über 25 Jahren Lehrbeauftragter, zunächst an der TU Berlin und später an der FH Kiel. Veröffentlichung verschiedener Publikationen über Einkaufs- und vertragsrechtliche Themen.

Praxisreihe Einkauf / Materialwirtschaft, Band 21

Tab., 79 Seiten, 2020

ISBN 978-3-89673-762-5, € 39,90

Titel auch als E-Book erhältlich.

Wilfried Krokowski /
Franz-Josef Möffert

Der Rahmenvertrag als strategisches Instrument im Einkauf

Der Rahmenvertrag ist kein starres Vertragsdokument, das den Standards von Allgemeinen Geschäftsbedingungen gleichkommt, sondern im Gegenteil ein gestalterisches Werkzeug des strategischen Einkäufers. Mit ihm bestimmt und lenkt er seine Lieferantenpolitik und setzt Schwerpunkte in seinem Lieferantenmanagement. Seien es neue Anlieferverfahren oder Arbeitsprozesse, neue Kommunikationsstrukturen oder auch nachhaltige Qualitätsvereinbarungen, die Gegenstand eines innovativ gestalteten Rahmenvertrages sein können. Diese Vereinbarungen bedürfen auch eines bestimmten vertraglichen Rahmens, der sich innerhalb eines nach Gesetzgebung und Rechtsprechung vorgegebenen Korridors bewegen muss, um juristische Fehler schon im Ansatz zu vermeiden. Daher wird der Aufbau eines Rahmenvertrages auch aus rechtlicher Sicht durchleuchtet und auf mögliche Gefahren und Risiken in der Vertragsgestaltung hingewiesen.

Bei der Gestaltung und dem Abschluss von Rahmenverträgen geht es nicht nur um fachliche Fragen, sondern stets auch um die Wirkung eines solchen Vertrages. Dieses Thema wird aus fachlicher und juristischer Perspektive betrachtet. Dazu bringen die Autoren Krokowski (Einkauf) und Möffert (Rechtsanwalt) gemeinsam ihre jahrzehntelangen Erfahrungen in der praktischen Gestaltung von Rahmenverträgen ein.

Edition Wissenschaft & Praxis